ECMAScript 6 길들이기

ECMAScript 6 길들이기

최신 표준으로 다시 배우는
자바스크립트 프로그래밍

나라얀 프루스티 지음 | 이일웅 옮김

추천의 글

요즘이야말로 자바스크립트를 사용하기에 더 없이 좋은 시기다. 지난 수년간 자바스크립트는 건드리고 싶지 않은 언어에서 누구나 배우고 싶어하는 언어로 거듭났다. 하루가 멀다하고 새로 탄생하는 크고 복잡한 애플리케이션들이 그 어느 때보다 자바스크립트를 더 많이 사용하고 진화시킨다. 새로운 클라이언트 측 개발 요건을 충족하기 위해 새로운 프레임워크와 애플리케이션 설계 방식이 쏟아져 나오고 있으며 관련 커뮤니티 활동도 왕성해졌다.

ES6로 더 잘 알려진 ECMAScript 2015 덕분에 마침내 자바스크립트는 모두가 바라던 언어가 되었다. 프라미스promise와 모듈 시스템 같은 꼭 필요한 큰 기능이 자바스크립트에 포함됐고, 재미있게 개발할 수 있게 해주는 작고 섬세한 장치들이 가미됐다. 객체 해체를 배우고 나면 지금까지 자바스크립트를 어떻게 써왔나 싶을 테고, 화살표 함수를 써보면 두 번 다시 '함수' 타입은 생각하고 싶지 않을 것이다. 복잡하기 이를 데 없는 함수 스코프와 변수 누수 문제를 let 키워드로 간단히 예방하면 책상에 머리를 찧을 일도 줄 것이다.

ES6는 훌륭한 언어 명세고 ES5에 비해 상당 부분 개선되었지만 모든 브라우저에 완벽히 구현된 상태는 아니다. 하지만 여러 커뮤니티 회원들의 노력 덕분에 그때까지 기다리지 않아도 당장 사용할 수 있다. 과거에는 자바스크립트를 어느 브라우저든 사용할 수 있을 때까지 5년 정도 걸렸지만, ES5와 호환되는 ES6 코드를 생성하는 도구들 덕분에 미래의 기술을 먼저 사용해 볼 수 있다.

이 책은 자바스크립트에서 가장 유용한 추가 기능을 골라 설명하면서 마치 여러분이 지금껏 사용해왔던 기능처럼 느껴지도록 안내한다. ES6 자체 모듈 시스템으로 모듈러 애플리케이션을 제작하는 일이 얼마나 쉬운지, 코드는 얼마나 깔끔하게 짧

아지고, 코딩은 또 얼마나 즐거워질지 곧 알게 될 것이다. 새로운 표준을 받아들인다는 건 모든 개발자에게 벅찬 일이지만 그 일을 수월하게 도와줄 이 책의 추천사를 쓰게 되어 매우 기쁘다.

이 책은 ES6로 강화된 자바스크립트의 과감한 신세계, 클라이언트 애플리케이션, 프레임워크 등을 짚어가며 여러분의 첫 도약에 큰 도움을 줄 것이다. 나처럼 여러분도 재미있게 읽기를 바란다.

잭 프랭클린 Jack Franklin
자바 개발자, GoCardless
@Jack_Franklin
http://www.jackfranklin.co.uk

지은이 소개

나라얀 프루스티 Narayan Prusty

웹/모바일 앱 개발자다. 워드프레스, HTML5, 자바스크립트, PHP, 솔라Solr, 코도
바Cordova에 능하다. 수년간 기술을 연마하며 애플리케이션을 제작해왔다.

다양한 애플리케이션 개발 강좌 서비스로 전 세계 만 명 이상의 구독자를 확보한
QScutter.com을 창업했다. 개인 블로그(http://www.QNimate.com)는 인텔 XDK
및 워드프레스 블로그 중에서 최상위권에 랭크되어 있다. 세계 각국의 많은 기업
에서 컨설턴트, 프리랜서 개발자로 근무했다.

개인 홈페이지는 http://www.twitter.com/narayanprusty다.

웹 커뮤니티에 감사드립니다. 그분들의 기지와 관대함으로 문서화, 솔루션 공유 등의
도움을 받지 못했더라면 이 책은 나올 수 없었을 겁니다. 언제나 곁에서 지켜봐준 가
족들에게도 고마움을 전합니다.

기술 감수자 소개

안드레아 키아렐리 Andrea Chiarelli

소프트웨어 엔지니어, 기술 작가로 20년 이상 일했다. C#, 자바스크립트, ASP. NET부터 앵귤러JSAngularJS, REST, 폰갭PhoneGap/코도바에 이르기까지 다양한 전문 기술을 응용한 프로젝트에 참여했다.

〈Computer Programming〉, 〈ASP Today〉 같은 온라인/오프라인 잡지의 기고자이자 Wrox Press에서 출판된 도서의 공동 저자다.

현재, 실리콘밸리 중심부에 설립된 모바일 소프트웨어 회사인 Apparound Inc.의 이탈리아 지사에서 수석 소프트웨어 기술자로 근무하며, 웹 기술 전문 이탈리아 온라인 잡지인 〈HTML.it〉의 정기 컬럼니스트로 활약 중이다.

필립 르느비에 고닌 Philippe Renevier Gonin

2005년부터 프랑스 니스의 소피아안티폴리스 대학University of Sophia Antipolis에서 조교수로 재직 중이며, 웹 기술, 소프트웨어 공학(아키텍처 및 개발), 인간 컴퓨터 상호작용HCI, Human Computer Interaction 과목을 강의해왔다. 사용자 중심 디자인(예를 들어 사용자와 태스크 모델)과 소프트웨어 공학(예를 들어 콤포넌트 아키텍처와 UI 개발) 사이의 연결 고리를 찾기 위해 연구 중이다. 연구를 진행하면서 자바스크립트, HTML, CSS, 자바(안드로이드)로 직접 소프트웨어와 도구를 개발하기도 한다.

도메니코 루치아니 Domenico Luciani

22세의 패기 충만한 프로그래머다. 몇몇 회사에서 소프트웨어 기술자로 일하면서 지금은 팔레르모 대학University of Palermo에서 컴퓨터 과학 학위 과정을 밟고 있다.

컴퓨터 비전에 열광적이며, 컴퓨터 보안과 침투 테스트pen-test가 특기라 해킹 포상금이 걸린 대회에 참가한 적도 있다. 과거엔 주로 몽고DBMongoDB, 노드JSNode.js, PHP, PostgreSQL, C 등의 기술을 다뤘다.

노드JS 모듈을 작성해 NPM 웹사이트에 게시했었고, 기술 감수자로 협업하면서 요즘은 재미삼아 고랭GoLang을 공부 중이다.

메이커 커뮤니티 소속이며, 라즈베리 파이Raspberry Pi를 갖고 노는 걸 좋아한다. vim으로 코딩하여 깃Git으로 관리하는 걸 좋아하며, 웹상의 오픈소스 프로젝트에서 테스트 작성 및 공동 작업을 한다.

쉬는 시간엔 달리기와 파쿠르parkour를 즐겨한다. 더 자세히 알고 싶다면 http://www.dlion.it를 방문하자.

미히르 모네 Mihir Mone

호주에 있는 모내시 대학Monash University의 대학원생이다. 네트워크 컴퓨팅을 전공했지만 요즘은 웹/모바일 개발에 푹 빠져 있다. 라우터/스위치와 씨름하느라 시간을 허비한 끝에 결국 웹 개발(설계 아닌 개발)에 열정을 쏟기로 결심했다. 멋진 플래시 애니메이션을 웹사이트가 아닌, 웹 시스템과 애플리케이션용으로 제작하는 일에 관심이 많다. 또한 모교로 돌아와 자신이 배운 것을 후배들에게 알려주기 위해 웹 개발을 가르치고 있다.

현재 멜버른에 위치한 작은 소프트웨어/엔지니어링 연구실에서 데이터 시각화와 UX 도메인 분야의 새로운 아이디어를 프로토타이핑 및 웹 개발하는 업무를 맡고 있다.

자바스크립트 광팬이라 전에도 제이쿼리jQuery 및 자바스크립트 도서를 감수한 경험이 있다. 리눅스를 신봉하는 터라 열렬한 오픈소스 소프트웨어OSS 지지자다. 소프트웨어가 진면목을 드러내려면 돈을 받지 말아야 한다고 주장한다.

정말 괴짜여서 휴식 시간에도 많은 사람에게 뭔가 도움이 될 만한 코드를 짠다. 더 잘 알고 싶다면 http://mihirmone.apphb.com에 접속하자.

타케하루 오시다Takeharu Oshida(https://github.com/georgeOsdDev)

실시간 커뮤니케이션 플랫폼, Konnect라는 SDK를 제작한 작은 벤처 기업인 모비루스Mobilus에 다닌다.

자바스크립트 API를 설계하며 ES6를 따르는 리액트JSReact.js 기반의 웹 애플리케이션을 개발한다.

자이트럼Xitrum 웹 프레임워크 프로젝트(http://xitrumframework.github.io/)의 회원이다. 이 프로젝트에서 샘플 애플리케이션 제작과 문서 번역에 참여하면서 스칼라 언어의 함수형 프로그래밍 스타일을 연구 중이다.

『Learning Behavior-driven Development Javascript』(팩트출판사)의 기술 감수를 맡은 바 있다.

유리 스트럼프플 오네르 Juri Strumpfl ohner

코드를 사랑하고 최신 웹 개발 동향을 좇아가며 자신의 지식을 다른 사람들과 공유하는 열정적인 개발자다. 전자정부 회사에서 코딩 아키텍트, 선임 기술자로 일하면서 후배 개발자들을 혁신적으로 지도하고 있으며, 구현한 소프트웨어가 품질 기준에 맞는지 확인하는 일도 한다.

근무 외 시간에는 오픈소스 프로젝트 일을 하거나 도서 감수를 하며 (이 책처럼), 트위터(@juristr)를 하고, 블로그(http://juristr.com)에 최신 웹 개발 뉴스를 올린다. 특히 요즘은 ES 2015(ES6), 앵귤러JS, 리액트, 바벨Babel 등 현대 웹 개발의 따끈따끈한 주제에 관심이 많다.

코딩을 안 할 땐 요세이칸 분도Yoseikan Budo라는 무술을 연마/교육한다(지금 2단이고 검은띠다). 더 잘 알고 싶다면 트위터(@juristr)를 팔로우하거나 블로그(http://juristr.com)를 방문하자.

옮긴이 소개

이일웅(leeilwoong@gmail.com)

10년 넘게 국내, 미국 등지에서 대기업/공공기관 프로젝트를 수행한 웹 개발자이자, 두 딸의 사랑을 한 몸에 받고 사는 행복한 딸 바보다. 자바 기반의 서버 플랫폼 구축, 데이터 연계, 다양한 자바스크립트 프레임워크를 응용한 프론트엔드 화면 개발을 주로 담당해왔다. 시간이 날 때는 피아노를 연주한다(개인 홈페이지: http://www.bullion.pe.kr).

옮긴이의 말

이 책은 2015년 6월 17일, 공식 표준으로 발표된 ECMS-262의 여섯 번째 버전, 즉 ECMAScript 6의 새로운 기능을 빠르게 습득하기 위한 입문서입니다. 아직까지는 IE, 파이어폭스, 크롬 등 메이저 브라우저에서 ECMAScript 6 명세를 완벽히 구현한 건 아니고, 이전 버전(ECMAScript 5)의 코드로 ES6의 신기능을 어느 정도 흉내낼 수 있는 상황이지만 새 표준의 보급은 과거에 비해 훨씬 빠르게 이루어질 것으로 예상됩니다.

대부분의 기술이 그렇듯 새 버전이 반드시 구 버전에 비해 월등하고 우수하다고 할 수는 없고 그것을 가져다 쓰는 사용자가 굳이 얼리 어댑터early adopter가 되어야 할 필요는 없겠지만, 자바스크립트 전문 프로그래머라면 ES6가 당연한 대세로 굳혀지기 전에 미리 준비를 해두지 않으면 안 될 것입니다. 그런 점에서 책이 출간된 이 시점이 자바스크립트의 새 표준을 학습할 적당한 시기가 아닐까 싶습니다.

이 책은 주로 새 표준에서 등장한 새로운 구문 요소를 간단한 예제로 설명하지만, C나 자바, 파이썬 등 다른 언어 경험이 있는 분들에게는 프로그래밍 언어들이 점차 상향 평준화하고 있다는 동향을 파악하고 자바스크립트만의 독특한 디자인 철학과 개념을 엿볼 수 있는 계기가 될 것입니다. 이 책을 옮겨쥔 독자 여러분이 나무를 자세히 들여다 보면서도 숲 전체를 조망할 수 있는 식견과 높은 수준의 마인드를 가진 자바스크립트 개발자로 한 단계 성장하길 바랍니다.

좋은 책의 번역을 맡겨주신 에이콘출판사 관계자 여러분께 감사드리며, 평소 많은 시간을 함께 하지 못한, 사랑하는 아내와 두 딸, 제이, 솔이에게 이 역서를 바칩니다. 언제나 부족한 아들에게 변함없는 믿음과 사랑을 보내주신 부모님께 진심으로 감사의 말씀 올립니다.

차 례

추천의 글	5
지은이 소개	7
기술 감수자 소개	8
옮긴이 소개	12
옮긴이의 말	13
들어가며	23

1장 문법 맛보기   31

let 키워드	32
함수 스코프 변수 선언	32
블록 스코프 변수 선언	33
변수 재선언	34
const 키워드	37
상수의 스코프	37
상수를 통한 객체 참조	38
파라미터 기본값	39
펼침 연산자	40
펼침 연산자의 다른 용례	41
배열 값을 다른 배열의 일부로 만듦	41
배열 값을 다른 배열에 밀어 넣기	41
여러 배열 펼침	42
나머지 파라미터	43
해체 할당	44
배열 해체 할당	44
값을 건너뜀	45

배열 해체 할당에 나머지 연산자를 사용 45

변수의 기본값 46

중첩 배열 해체 46

파라미터로 배열 해체 할당 사용 46

객체 해체 할당 47

변수의 기본값 48

조합 프로퍼티명을 해체 48

중첩 객체를 해체 48

파라미터로 객체 해체 할당 사용 48

화살표 함수 49

화살표 함수에서의 this 값 50

화살표 함수와 일반 함수의 차이점 51

강화된 객체 리터럴 51

프로퍼티 정의 51

메소드 정의 52

조합 프로퍼티명 52

요약 53

2장 라이브러리 55

숫자 56

2진수 56

8진수 57

Number.isInteger(number) 메소드 57

Number.isNaN(value) 메소드 58

Number.isFinite(numbcr) 메소드 59

Number.isSafeInteger(number) 메소드 60

Number.EPSILON 프로퍼티 61

수학 연산 62

삼각 연산 62

산술 연산 63

기타 메소드   63

    Math.imul(number1, number2) 함수   63

    The Math.clz32(number) 함수   64

    The Math.sign(number) 함수   64

    The Math.trunc(number) 함수   64

    The Math.fround(number) 함수   65

문자열   65

비트가 초과된 코드 포인트를 이스케이프   66

codePointAt(index) 메소드   66

String.fromCodePoint(number1, ..., number 2) 메소드   67

repeat(count) 메소드   67

includes(string, index) 메소드   67

startsWith(string, index) 메소드   68

endsWith(string, index) 함수   68

정규화   68

    사례   68

템플릿 문자열   71

    표현식   71

    여러 줄 문자열   73

    원래 문자열   74

배열   74

Array.from(iterable, mapFunc, this) 메소드   75

Array.of(values...) 메소드   75

fill(value, startIndex, endIndex) 메소드   76

find(testingFunc, this) 메소드   77

findIndex(testingFunc, this) 메소드   77

copyWithin(targetIndex, startIndex, endIndex) 함수   78

entries( ), keys( ), and values( ) 메소드   78

콜렉션   79

배열 버퍼   79

타입화 배열   81

세트   83

위크세트   84

맵   84

위크맵   85

객체   86

__proto__ 프로퍼티   86

Object.is(value1, value2) 메소드   87

Object.setPrototypeOf(object, prototype) 메소드   88

Object.assign(targetObj, sourceObjs...) 메소드   88

요약   89

3장 이터레이터   91

ES6 심볼   92

typeof 연산자   92

new 연산자   92

심볼을 프로퍼티 키로 사용   93

Object.getOwnPropertySymbols( ) 메소드   94

Symbol.for(string) 메소드   95

상용 심볼   95

이터레이션 규약   96

이터레이터 규약   96

이터러블 규약   97

제너레이터   98

return(value) 메소드   101

throw(exception) 메소드   101

yield* 키워드   102

for...of 루프   103

꼬리 호출 최적화   104

꼬리 호출 아닌 코드를 꼬리 호출로 전환   106

요약   107

4장 비동기 프로그래밍   109

자바스크립트 실행 모델   110

비동기 코드 작성   110

    이벤트를 포함한 비동기 코드   111

    콜백을 포함한 비동기 코드   114

구원자, 프라미스   116

    프라미스 생성자   117

    이룸값   118

    then(onFulfilled, onRejected) 메소드   119

    catch(onRejected) 메소드   126

    Promise.resolve(value) 메소드   128

    Promise.reject(value) 메소드   129

    Promise.all(iterable) 메소드   129

    Promise.race(iterable) 메소드   131

프라미스 기반의 자바스크립트 API   131

    배터리 상태 API   132

    웹 암호화 API   132

요약   133

5장 리플렉트 API 구현   135

Reflect 객체   136

    Reflect.apply(function, this, args) 메소드   136

    Reflect.construct(constructor, args, prototype) 메소드   137

    Reflect.defineProperty(object, property, descriptor) 메소드   138

        데이터 프로퍼티와 접근자 프로퍼티   138

    Reflect.deleteProperty(object, property) 메소드   141

    Reflect.enumerate(object) 메소드   141

    Reflect.get(object, property, this) 메소드   142

    Reflect.set(object, property, value, this) 메소드   142

    Reflect.getOwnPropertyDescriptor(object, property) 메소드   143

Reflect.getPrototypeOf(object) 메소드   144

Reflect.setPrototypeOf(object, prototype) 메소드   144

Reflect.has(object, property) 메소드   145

Reflect.isExtensible(object) 메소드   145

Reflect.preventExtensions(object) 메소드   146

Reflect.ownKeys(object) 메소드   146

요약   147

6장   프록시   149

프록시란?   150

용어 정의   150

프록시 API   150

트랩   151

get(target, property, receiver) 메소드   152

set(target, property, value, receiver) 메소드   154

has(target, property) 메소드   155

isExtensible(target) 메소드   156

getPrototypeOf(target) 메소드   156

setPrototypeOf(target, prototype) 메소드   157

preventExtensions(target) 메소드   157

getOwnPropertyDescriptor(target, property) 메소드   158

defineProperty(target, property, descriptor) 메소드   159

The deleteProperty(target, property) 메소드   160

enumerate(target) 메소드   160

ownKeys(target) 메소드   161

apply(target, thisValue, arguments) 메소드   163

construct(target, arguments) 메소드   164

Proxy.revocable(target, handler) 메소드   164

용례   165

프록시 용도   166

요약   166

7장 클래스 답사   167

객체 지향 자바스크립트   168

자바스크립트 데이터 타입   168

객체 생성   168

상속   170

원시 데이터 타입 생성자   174

클래스 다루기   175

클래스 정의   176

클래스 선언   176

클래스 표현식   177

프로토타입 메소드   178

get/set 메소드   179

제너레이터 메소드   181

정적 메소드   182

클래스의 상속 구현   183

조합 메소드명   185

프로퍼티 속성   186

클래스는 호이스팅 안 된다!   186

생성자 메소드 결과를 오버라이딩   187

정적 접근자 프로퍼티, Symbol.species   187

암시적 파라미터, new.target   189

객체 리터럴에 super 사용   190
요약   191

8장 모듈러 프로그래밍   193

자바스크립트 모듈이란?   194

모듈 구현 – 기존 방법   194

즉시 실행 함수 표현식(IIFE)   195

비동기 모듈 정의(AMD)   196

커먼JS   197

만능 모듈 정의   198

새로운 모듈 구현 방식   199

ES6 모듈 생성   199

ES6 모듈 임포트   201

모듈 로더   202

브라우저에 모듈 사용   203

eval() 함수에서 모듈 사용   203

기본 익스포트 vs 명명된 익스포트   204

종합 예제   204

요약   206

찾아보기   207

들어가며

ECMAScript는 ECMA 인터내셔널Ecma International의 ECMA-262와 ISO/IEC 16262에 근거한 표준 스크립트 언어다. 자바스크립트, J스크립트Jscript, 액션스크립트ActionScript가 ECMAScript의 상위 집합superset으로, 더 많은 객체/메소드가 있고 기능면에서 ECMAScript보다 우월하지만 언어로서의 핵심 기능은 ECMAScript와 같다. ECMAScript의 7번째 수정판인 ECMAScript 6를 간단히 'ES6'라 부른다.

자바스크립트는 실로 강력하고 유연한 프로그래밍 언어지만 불필요한 군더더기가 많아 혹평을 받아왔다. 그래서 좀 더 쉬운 구문과 강력한 기능을 제공하면서도 자바스크립트로 컴파일이 가능한 커피스크립트CoffeeScript나 타입스크립트Typescript 같은 추상체를 대신 쓰는 개발자들도 있었다. 이제 ES6 이후론 코드 품질을 높이려고 잡다한 추상체와 테크닉을 빌려와 개발 프로세스를 늘어지게 하지 않아도 될 정도로 자바스크립트가 좋아졌다.

ES6 신기능은 커피스크립트 등 다른 인기 있는 추상화 언어의 영향을 받았고 작동 방식 또한 동일하기 때문에 자바스크립트로선 신기능이지만 프로그래밍 세계에서는 새로운 것들이 아니다.

이 책은 자바스크립트 예제 코드를 보면서 ECMAScript의 새로운 버전, ES6의 모든 기능을 개괄한다. 이 책의 모든 예제 코드는 브라우저, 노드JS, 코도바 등의 환경에서 실습 가능하다.

이 책의 구성

1장, 문법 맛보기 변수, 함수 파라미터를 생성하는 새로운 방법을 소개하고, 새로 추가된 객체/함수 구문을 자세히 알아본다.

2장, 라이브러리 기존 객체에 추가된 프로토타입 기반의 새로운 메소드들을 살펴본다.

3장, 이터레이터 새롭게 추가된 이터레이터, 사용자 이터레이터 생성 방법, 꼬리 호출 최적화 등을 알아본다.

4장, 비동기 프로그래밍 비동기 실행 코드를 프라미스로 쉽게 작성하는 방법을 다룬다.

5장, 리플렉트 API 구현 ES6 객체 리플렉션을 깊숙이 탐구한다.

6장, 프록시 ES6 프록시로 객체의 기본 로직에 변화를 주는 방법을 알아본다.

7장, 클래스 답사 ES6 클래스를 응용한 객체 지향 프로그래밍과 상속, 생성자, 추상화, 정보 은닉 등의 개념을 설명한다.

8장, 모듈러 프로그래밍 IIFE, 커먼JS, AMD, UMD, ES6 모듈 등의 여러 기법으로 자바스크립트 모듈을 생성하는 방법을 이야기한다.

준비 사항

이 책을 읽는 시점이 모든 자바스크립트 엔진이 ES6를 완전히 구현한 이후면 특별히 테스트 환경을 구축하지 않아도 각자 선호하는 엔진에서 예제 코드를 돌려볼 수 있다.

하지만 그 전이라면 ES6 트랜스파일러transpiler 사용 환경에서 코드를 실행하자. 브라우저에서 예제 코드를 테스트하려면 매번 페이지가 로딩될 때마다 ES6 → ES5로 코드를 변환해주는 트레이서Traceur라는 트랜스파일러를 다음 웹 페이지 템플릿을 이용해 내장한다.

```
<!doctype html>
<html>
<head>...</head>
<body>

...

<script src="traceur.js"></script>
<script src="bootstrap.js"></script>
<script type="module">
//ES6 코드는 여기에 작성한다.
</script>
</body>
</html>
```

traceur.js는 https://google.github.io/traceurcompiler/bin/traceur.js에서,
bootstrap.js는 https://google.github.io/traceur-compiler/src/bootstrap.js
에서 각각 스크립트 파일을 내려받아 이 코드를 포함한 HTML 파일과 동일한 디
렉토리에 둔다.

예제 코드 번들에는 이미 트레이서 트랜스파일러와 폴리필polyfill이 들어 있고 브
라우저에서 바로 코드 테스트를 할 수 있게 되어 있다.

4장은 제이쿼리와 AJAX를 사용하므로 브라우저 환경에서 테스트해야 하고 별도
웹 서버도 필요하다.

8장은 브라우저에서 테스트하려면 웹 서버가 필요하다. PC에 노드JS 환경이 구축
되어 있다면 웹 서버는 없어도 된다.

ECMAScript 6 호환성

이 책을 집필하는 현재 아직 모든 자바스크립트 엔진이 ES6를 완벽하게 지원하지
않는다. 아마도 2016년 말쯤은 되어야 모든 자바스크립트 엔진에서 ES6 구현 작
업이 완료될 것으로 예상된다.

칸자스Kangax라는 사람이 자바스크립트 엔진별로 ES6 여러 기능의 지원 여부를 추적할 수 있는 호환성 표를 작성했으니 http://kangax.github.io/compat-table/es6/를 참고하자.

비호환 엔진에서 ECMAScript 6 실행

ES6 비호환 엔진에서 ES6 스크립트를 실행하려면 ES6 트랜스파일러/폴리필이 필요하다.

폴리필은 마치 자바스크립트 엔진 자체가 원래부터 지원해왔던 것처럼 특정 기술을 사용할 수 있게 해주는 코드 조각이다. 그런데 모든 ES6 기능에 폴리필을 쓸 수 있는 건 아니고 새로 만들 수도 없다는 점을 기억하자. 폴리필 목록과 내려받기 경로는 https://github.com/Modernizr/Modernizr/wiki/HTML5-Cross-Browser-Polyfills#ecmascript-6-harmony를 참고하자.

ES6 트랜스파일러는 ES6 소스코드를 ES5 소스코드로 변환해 모든 자바스크립트 엔진에서 사용할 수 있게 해준다. 폴리필보다 더 풍부한 기능을 갖고 있지만 트랜스파일러 역시 ES6 전 기능을 다 지원하는 건 아니다. 트랜스파일러는 구글 트레이서(https://github.com/google/traceur-compiler), 구글 카자Caja(https://developers.google.com/caja/), 바벨(https://babeljs.io/), 터미Termi(https://github.com/termi/es6-transpiler) 등이 있다. 웹 페이지 로딩이 느려지지 않게 하려면 매번 페이지가 로딩될 때마다 트랜스파일하지 말고 ES6 코드를 ES5 코드로 트랜스파일한 이후 웹 페이지에 삽입해야 한다.

어쨌든, 트랜스파일러/폴리필 덕분에 ES6 비호환 엔진이 자취를 감추고 모든 엔진이 ES6를 완벽히 지원하기 전에도 ES6 코드를 작성해 배포할 수 있다.

이 책의 대상 독자

자바스크립트에 익숙한 독자라면 환영이다. 자바스크립트 달인이 아니어도 상관없다. 이 책은 여러분의 자바스크립트 지식을 한 단계 업그레이드해줄 것이다.

편집 규약

정보의 종류를 구분하기 위해 여러 가지 편집 규약을 사용했다. 각 사용 예와 의미는 다음과 같다.

본문에서 코드 단어는 다음과 같이 표시한다.

"undefined를 파라미터 값으로 넘기면 누락된 것으로 간주한다."

코드 블록은 다음과 같이 표시한다.

```
var a = 12; //전역 접근 가능
function myFunction()
{
  console.log(a);
  var b = 13; //함수 안에서 접근 가능
  if(true)
  {
    var c = 14; //함수 안에서 접근 가능
    console.log(b);
  }
  console.log(c);
}
myFunction();
```

 경고나 중요한 노트는 박스 안에 이와 같이 표시한다.

 팁과 트릭은 박스 안에 이와 같이 표시한다.

독자 의견

독자로부터의 피드백은 항상 환영이다. 이 책에 대해 무엇이 좋았는지 또는 좋지 않았는지 소감을 알려주기 바란다. 독자 피드백은 독자에게 필요한 주제를 개발하는 데 매우 중요하다.

일반적인 피드백을 우리에게 보낼 때는 간단하게 feedback@packtpub.com으로 이메일을 보내면 되고, 메시지의 제목에 책 이름을 적으면 된다. 여러분이 전문 지식을 가진 주제가 있고, 책을 내거나 책을 만드는 데 기여하고 싶으면 www.packtpub.com/authors에서 저자 가이드를 참조하기 바란다.

고객 지원

팩트출판사의 구매자가 된 독자에게 도움이 되는 몇 가지를 제공하고자 한다.

예제 코드 다운로드

이 책에 사용된 예제 코드는 http://www.packtpub.com의 계정을 통해 다운로드할 수 있다. 다른 곳에서 구매한 경우에는 http://www.packtpub.com/support를 방문해 등록하면 파일을 이메일로 직접 받을 수 있다. 또한 에이콘출판사의 도서정보 페이지인 http://www.acornpub.co.kr/book/ecmascript6에서도 예제 코드를 다운로드할 수 있다.

오탈자

내용을 정확하게 전달하기 위해 최선을 다했지만, 실수가 있을 수 있다. 팩트출판사의 책에서 코드나 텍스트상의 문제를 발견해서 알려준다면 매우 감사하게 생각할 것이다. 그런 참여를 통해 다른 독자에게 도움을 주고, 다음 버전에서 책을 더 완성도 있게 만들 수 있다. 오자를 발견한다면 http://www.packtpub.com/support를 방문해 이 책을 선택하고, 정오표 제출 양식을 통해 오류 정보를 알려주기 바란다. 보내준 내용이 확인되면 웹사이트에 그 내용이 올라가거나, 해당 서적의 정오표 섹션에 그 내용이 추가될 것이다. http://www.packtpub.com/support에서 해당 타이틀을 선택하면 지금까지의 정오표를 확인할 수 있다. 한국어판은 에이콘출판사 도서 정보 페이지 http://www.acornpub.co.kr/book/ecmascript6에서 찾아볼 수 있다.

저작권 침해

저작권 침해는 모든 인터넷 매체에서 벌어지고 있는 심각한 문제다. 팩트출판사에서는 저작권과 라이선스 문제를 아주 심각하게 인식하고 있다. 어떤 형태로든 팩트출판사 서적의 불법 복제물을 인터넷에서 발견했다면 적절한 조치를 취할 수 있게 해당 주소나 사이트 명을 즉시 알려주길 부탁한다. 의심되는 불법 복제물의 링크를 copyright@packtpub.com으로 보내주기 바란다. 저자와 더 좋은 책을 위한 팩트출판사의 노력을 배려하는 마음에 깊은 감사의 뜻을 전한다.

질문

이 책에 관련된 질문이 있다면 questions@packtpub.com을 통해 문의하기 바란다. 최선을 다해 질문에 답해 드리겠다. 한국어판에 관한 질문은 이 책의 옮긴이나 에이콘출판사 편집팀(editor@acornpub.co.kr)으로 문의해주길 바란다.

1

문법 맛보기

자바스크립트는 다른 언어에 비해 상수 및 블록 스코프 변수block scoped variable 선언, 배열에서 데이터 추출, 함수 선언 구문 등 여러 구문 요소가 뒤떨어져 있었다. ES6에 이르러 새로운 구문을 기반으로 신기능이 도입됐고 개발자들은 코딩을 덜하고도 더 많은 일을 할 수 있게 됐다. 그리고 이제 갖가지 요건을 구현하기 위해 코드 가독성을 떨어뜨리고 성능에 부정적인 꼼수hack를 부리지 않아도 된다. 이 장은 ES6에 새로 도입된 구문의 특징을 살펴본다.

다음은 이 장의 주제다.

- let 키워드로 블록 스코프 변수 생성
- const 키워드로 상수 생성
- 펼침 연산자와 나머지 파라미터
- 이터러블iterable에서 해체 연산으로 데이터 및 객체 추출
- 화살표 함수arrow function
- 객체 프로퍼티를 새로운 구문으로 생성

let 키워드

ES6 let은 블록 스코프 변수를 선언하는 키워드로, 선언과 동시에 값을 할당할 수 있다. 타 프로그래밍 언어 개발자가 자바스크립트 코딩을 하다 보면 자바스크립트 변수의 스코프도 블록이겠거니, 하고 실수할 가능성이 있다. 변수 스코프에 대해서는 거의 모든 프로그래밍 언어가 같은 규칙을 가지고 있는데 자바스크립트는 유독 블록 스코프 변수란 개념 없이 다른 식으로 작동한다. 자바스크립트는 변수 스코프가 블록이 아닌 관계로 메모리 누수memory leak가 발생할 소지가 있으며, 읽기 힘들고 디버깅이 곤란한 프로그램이 쓰여지기 쉽다.

함수 스코프 변수 선언

var 키워드로 선언한 변수를 함수 스코프 변수function scoped variable라고 하며, 함수 밖에 선언한 함수 스코프 변수는 전역 범위로, 즉 스크립트 끝에서도 참조할 수 있다. 마찬가지로 함수 안에 선언하면 함수 밖을 제외한, 내부 어디서건 접근 가능하다.

함수 스코프 변수를 생성하는 예제를 보자.

```
var a = 12; //전역 접근 가능
function myFunction()
{
  console.log(a);

  var b = 13; //함수 안에서 접근 가능

  if(true)
  {
    var c = 14; //함수 안에서 접근 가능
    console.log(b);
  }

  console.log(c);
}

myFunction();
```

실행 결과는 다음과 같다.

```
12
13
14
```

if 문 밖에서도 변수 c는 접근 가능하지만, 다른 언어에선 어림없는 소리다. 타 언어 개발자는 c가 if 문 밖에 있으니 undefined가 아니냐고 하겠지만 실제로 그렇지 않다. 그래서 블록 스코프 변수를 생성하기 위해 ES6에 let 키워드가 탄생했다.

블록 스코프 변수 선언

let 키워드로 선언한 변수를 블록 스코프 변수라고 하며, 함수 밖에 선언하면 함수 스코프 변수처럼 전역 접근할 수 있다. 블록 안에 선언하면 자신을 정의한 블록 (또는 그 하위 블록sub-block)에서만 접근 가능하며 블록 밖에서는 볼 수 없다.

 블록은 0개 이상의 문(statement)을 묶기 위해 쓰며 중괄호 {}로 경계를 구분한다.

var를 let으로 바꾸면 어떻게 될까?

```
let a = 12; //전역 접근 가능
function myFunction()
{
  console.log(a);

  let b = 13; //함수 안에서 접근 가능
```

```
  if(true)
  {
    let c = 14; //"if" 문 안에서 접근 가능
    console.log(b);
  }

  console.log(c);
}

myFunction();
```

실행 결과는 다음과 같다.

```
12
13
Reference Error Exception
```

이제 타 언어 출신 개발자도 헷갈리지 않는 결과가 나온다.

변수 재선언

(같은 스코프에서) 이미 var로 선언한 변수를 다시 var로 선언하면 덮어쓴다.

```
var a = 0;
var a = 1;

console.log(a);

function myFunction()
{
  var b = 2;
  var b = 3;

  console.log(b);
}

myFunction();
```

실행 결과는 다음과 같다.

```
1
3
```

let 키워드라면 얘기가 달라진다. let으로 선언한 변수를 다시 let으로 선언하면
TypeError 예외가 발생한다.

```
let a = 0;
let a = 1; //TypeError

function myFunction()
{
  let b = 2;
  let b = 3; //TypeError

  if(true)
  {
    let c = 4;
    let c = 5; //TypeError
  }
}

myFunction();
```

함수(또는 내부 함수나 하위 블록) 안에서 접근 가능한 변수명과 동일한 이름을 가진
변수를 선언하면, 사용한 키워드에 따라 가리키는 대상이 달라진다. 다음 예제가
바로 그런 경우다.

```
var a = 1;
let b = 2;

function myFunction()
{
  var a = 3; //전혀 다른 변수
  let b = 4; //전혀 다른 변수

  if(true)
  {
    var a = 5; //덮어쓴다.
    let b = 6; //전혀 다른 변수
```

```
        console.log(a);
        console.log(b);
    }

    console.log(a);
    console.log(b);
}

myFunction();

console.log(a);
console.log(b);
```

실행 결과는 다음과 같다.

```
5
6
5
4
1
2
```

 그럼 var, let 둘 중 어느 것을 사용하란 말인가?

ES6 코드라면 let을 쓰자. 기억도 잘 되고 코드를 읽기가 쉬우며, 스코프를 착각할 일이
줄고 끔찍한 버그를 일으킬 확률도 낮아진다. var가 더 익숙하고 편한 독자라면 계속 var
를 써도 무방하다.

군이 let 없이 처음부터 블록 스코프 변수를 var로 정의할 수 있도록 고치면 되지
않았을까? 하지만 하위 호환성backward compatibility을 보장해야 하므로 어쩔 수 없는
선택이다.

const 키워드

ES6 const 키워드는 읽기 전용 변수, 즉 값을 다시 할당할 수 없는 상수를 선언한다. 전에는 다음과 같이 변수명 앞에 어떤 문자열을 붙여 상수처럼 보이게 했었다.

```
var const_pi = 3.141;
var r = 2;
console.log(const_pi * r * r); //실행 결과 "12.564"
```

pi 값은 응당 상수지만, 앞에 뭘 붙였다고 프로그램 어딘가에서 이 변숫값을 고칠 수 없게 막을 수도 없으니 완전한 상수가 아니다.

앞으로는 다음과 같이 코딩하여 const로 원천 봉쇄할 수 있다.

```
const pi = 3.141;
var r = 2;

console.log(pi * r * r); //실행 결과 "12.564"

pi = 12; //읽기 전용 예외 발생
```

pi 값을 바꾸려고 하면 읽기 전용 예외가 난다.

상수의 스코프

상수는 블록 스코프 변수라 let으로 선언한 변수와 스코프 규칙은 같다.

```
const a = 12; //전역 접근 가능
function myFunction()
{
  console.log(a);

  const b = 13; //함수 안에서 접근 가능

  if(true)
  {
    const c = 14; //"if" 문 안에서 접근 가능
    console.log(b);
  }
```

```
    console.log(c);
}

myFunction();
```

실행 결과는 다음과 같다.

```
12
13
ReferenceError Exception
```

상수를 통한 객체 참조

변수에 객체를 할당하면 객체 자신이 아닌, 참조값_{reference}이 저장되므로 상수에
객체를 할당하면 이 객체의 참조값은 객체가 아닌, 상수에 대해 고정된다. 다시 말
해, 객체는 가변_{mutable} 상태다.

```
const a = {
  "name" : "민호"
};

console.log(a.name);

a.name = "수지";

console.log(a.name);

a = {}; //읽기 전용 예외 발생
```

실행 결과는 다음과 같다.

```
민호
수지
읽기 전용 예외 발생
```

변수 a는 객체의 주소, 즉 참조값을 담고 있으므로 불변값이지만 객체 자신은 얼
마든지 변경할 수 있다. 다른 객체를 a에 할당하면 a 값을 바꾸려는 시도라 예외가
발생한다.

파라미터 기본값

자바스크립트는 함수가 파라미터 값을 받지 못할 때 기본값default value을 지정할 방법이 마땅치 않다. 그래서 파라미터 값이 undefined(파라미터 누락 시 기본값)이면 기본값을 할당하는 식으로 코딩해왔다.

```
function myFunction(x, y, z)
{
  x = x === undefined ? 1 : x;
  y = y === undefined ? 2 : y;
  z = z === undefined ? 3 : z;

    console.log(x, y, z); //실행 결과 "6 7 3"
}
myFunction(6, 7);
```

ES6부터는 새 구문 덕분에 구현이 쉬워졌다.

```
function myFunction(x = 1, y = 2, z = 3)
{
    console.log(x, y, z); //실행 결과 "6 7 3"
}

myFunction(6,7);
```

undefined를 파라미터 값으로 넘기면 누락된 것으로 간주한다.

```
function myFunction(x = 1, y = 2, z = 3)
{
    console.log(x, y, z); //실행 결과 "1 7 9"
}

myFunction(undefined,7,9);
```

기본값 자리에 표현식을 써도 된다.

```
function myFunction(x = 1, y = 2, z = 3 + 5)
{
    console.log(x, y, z); //실행 결과 "6 7 8"
}

myFunction(6,7);
```

펼침 연산자

이터러블 객체를 개별 값으로 나누는 펼침 연산자_{spread operator}는 "..."로 표기한다.

 이터러블(iterable)은 ES6 이터러블 규약(iterable protocol)에 따라 값을 여럿 가지며 개별
값을 순회 가능한 객체다. 배열이 대표적인 이터러블 객체다.

펼침 연산자는 함수 인자나 원소(배열 리터럴)가 여럿 나오는 곳이면 어디라도 쓸
수 있다.

보통 이터러블 객체를 여러 함수 인자로 펼치는 데 자주 쓴다. 배열을 예로 들어
보자.

ES5 이전에는 배열 값을 함수 인자로 넘기려면 함수의 `apply()` 내장 메소드를 이
용할 수 밖에 없었다.

```
function myFunction(a, b)
{
  return a + b;
}

var data = [1, 4];
var result = myFunction.apply(null, data);

console.log(result); //실행 결과 "5"
```

`apply()`는 배열 값을 하나하나 꺼낸 다음 개별적인 함수 인자로 만들어 호출한다.

ES6 펼침 연산자를 이용하면 한결 쉽다.

```
function myFunction(a, b)
{
  return a + b;
}

let data = [1, 4];
let result = myFunction(...data);
console.log(result); //실행 결과 "5"
```

자바스크립트 해석기는 ...data를 먼저 1, 4로 치환한 다음 myFunction 함수를
호출한다.

```
let result = myFunction(...data);  →  let result = myFunction(1, 4);
```

 펼침 연산자는 apply() 메소드를 호출하지 않는다. 자바스크립트 실행 엔진이 이터레이션
규약에 따라 배열을 펼치는 것일 뿐, apply()와는 아무런 관련이 없다. 물론, 실행 결과는
어느 쪽이든 같다.

펼침 연산자의 다른 용례

펼침 연산자는 이터러블 객체를 함수 인자로 펼치는 것뿐만 아니라 (배열 리터럴처
럼) 원소가 많이 나오는 곳이면 어디라도 활용할 수 있다.

배열 값을 다른 배열의 일부로 만듦

펼침 연산자로 배열 값을 다른 배열에 부분 편입할 수 있다. 다음은 다른 배열 값
을 자신의 일부로 포함하는 배열 예제다.

```
let array1 = [2,3,4];
let array2 = [1, ...array1, 5, 6, 7];

console.log(array2); //실행 결과 "1, 2, 3, 4, 5, 6, 7"
```

즉, 다음과 같이 코드가 바뀐다.

```
let array2 = [1, ...array1, 5, 6, 7];  →  let array2 = [1, 2, 3, 4, 5, 6, 7];
```

배열 값을 다른 배열에 밀어 넣기

배열 끝부분에 다른 배열을 통째로 밀어 넣을 때가 있다.

ES5 이전엔 이렇게 코딩했다.

```
var array1 = [2,3,4];
var array2 = [1];

Array.prototype.push.apply(array2, array1);

console.log(array2); //실행 결과 "1, 2, 3, 4"
```

이제는 더 깔끔해졌다.

```
let array1 = [2,3,4];
let array2 = [1];

array2.push(...array1);

console.log(array2); //실행 결과 "1, 2, 3, 4"
```

push 메소드는 자신을 호출한 배열 끝에 인자 배열값을 덧붙인다.

```
array2.push(...array1);  →  array2.push(2, 3, 4);
```

여러 배열 펼침

여러 배열을 한 줄의 표현식으로 펼치는 일도 펼침 연산자의 몫이다.

```
let array1 = [1];
let array2 = [2];
let array3 = [...array1, ...array2, ...[3, 4]]; //여러 배열로 펼친다.
let array4 = [5];

function myFunction(a, b, c, d, e)
{
  return a+b+c+d+e;
}

let result = myFunction(...array3, ...array4); //여러 배열로 펼친다.
console.log(result); //실행 결과 "15"
```

나머지 파라미터

나머지 파라미터_{rest parameter}는 함수의 마지막 파라미터 앞에 "..."를 붙인 것으로, 이름 붙은 파라미터_{named parameter}보다 함수 파라미터를 더 많이 포함한 배열이다.

개수가 가변적인 함수 인자를 포착하는 용도로 쓴다.

ES5 이전엔 arguments 객체로 전달된 함수 인자를 꺼내 썼다. 이 객체는 배열은 아니지만 배열과 유사한 인터페이스를 제공한다.

다음은 arguments 객체를 거쳐 인자를 사용하는 예제다.

```
function myFunction(a, b)
{
  var args = Array.prototype.slice.call(arguments, myFunction.length);

  console.log(args);
}

myFunction(1, 2, 3, 4, 5); //실행 결과 "3, 4, 5"
```

나머지 파라미터를 쓰면 훨씬 간결하다.

```
function myFunction(a, b, ...args)
{
  console.log(args); //실행 결과 "3, 4, 5"
}

myFunction(1, 2, 3, 4, 5);
```

arguments는 배열 객체가 아니라서 일단 배열로 바꾼 다음에야 배열 기능을 이용할 수 있지만, ES6 나머지 파라미터는 그 자체가 배열이라 쉽고 편하게 사용할 수 있다.

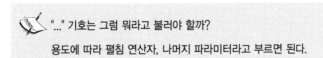

"..." 기호는 그럼 뭐라고 불러야 할까?

용도에 따라 펼침 연산자, 나머지 파라미터라고 부르면 된다.

해체 할당

해체 할당destructuring assignment은 이터러블이나 객체의 값/프로퍼티를 각각 배열이나 객체 생성자 리터럴과 비슷한 구문으로 변수에 할당하는 표현식이다.

펄Perl과 파이썬Python과 같은 언어에는 기본 내장된 기능으로, 단축 구문을 사용해서 이터러블/객체로부터 데이터를 추출할 수 있다.

'배열 해체 할당'과 '객체 해체 할당' 두 가지 유형이 있다.

배열 해체 할당

배열 해체 할당array destructing assignment은 이터러블 객체에서 값을 추출하여 변수에 할당한다. 배열 생성 리터럴과 닮은꼴이라 이렇게 부른다.

ES5 이전엔 배열에 값을 할당하려면 이렇게 했었다.

```
var myArray = [1, 2, 3];
var a = myArray[0];
var b = myArray[1];
var c = myArray[2];
```

단순히 배열 값을 하나씩 뽑아 a, b, c에 할당하는 것이다.

ES6부터는 배열 해체 할당문 한 줄이면 된다.

```
let myArray = [1, 2, 3];
let a, b, c;
[a, b, c] = myArray; //배열 해체 할당 구문
```

[a, b, c]가 바로 배열 해체 표현식이다.

해체 할당문 좌변에는 할당할 변수를 배열 리터럴 구문 같은 형식으로, 우변에는 추출할 데이터를 가진 배열(이터러블 객체)을 놓는다.

더 짧게 하면 다음과 같다.

```
let [a, b, c] = [1, 2, 3];
```

배열 변수명을 생략하고 할당할 변수 생성, 그리고 배열 지정을 문 하나로 끝낸 것이다.

변수가 배열 원소보다 적을 경우 뒷부분 변수는 무시한다.

 해체 할당문 우변에 이터러블 아닌 객체가 오면 TypeError 예외가 발생한다.

값을 건너뛴다

이터러블 값에서 할당 없이 건너뛰어야 할 때도 있다.

```
let [a, , b] = [1, 2, 3];
console.log(a);
console.log(b);
```

실행 결과는 다음과 같다.

```
1
3
```

배열 해체 할당에 나머지 연산자를 사용

해체 할당 시 마지막 변수 앞에 "..."를 붙이면, 이터러블 값보다 변수가 모자라면 자동으로 배열 객체로 바뀌어 이터러블 객체의 나머지 값들이 할당된다.

```
let [a, ...b] = [1, 2, 3, 4, 5, 6];

console.log(a);
console.log(Array.isArray(b));
console.log(b);
```

실행 결과는 다음과 같다.

```
1
true
2,3,4,5,6
```

변수 b가 우변에 지정한 배열의 나머지 값들이 포함한 배열이 되었다.

여기서 "..."를 나머지 연산자rest operator라고 한다.

다음은 나머지 연산자를 쓰면서 이터러블 값을 건너뛴 예제다.

```
let [a, , ,...b] = [1, 2, 3, 4, 5, 6];

console.log(a);
console.log(b);
```

실행 결과는 다음과 같다.

```
1
4,5,6
```

보다시피 2, 3 두 값을 건너뛰었다.

변수의 기본값

해체 할당이 안 된 변수의 기본값을 undefined 이외의 값으로 지정할 수 있다.

```
let [a, b, c = 3] = [1, 2];
console.log(c); //실행 결과 "3"
```

중첩 배열 해체

다차원 배열에서 값을 꺼내어 해체 할당하는 예제다.

```
let [a, b, [c, d]] = [1, 2, [3, 4]];
```

파라미터로 배열 해체 할당 사용

해체 할당 표현식을 함수 파라미터 자리에 넣으면 함수에 넘긴 이터러블 객체 값을 추출할 수 있다.

```
function myFunction([a, b, c = 3])
{
  console.log(a, b, c); //실행 결과 "1 2 3"
}

myFunction([1, 2]);
```

앞서 undefined 인자를 넘겨 함수를 호출하면 자바스크립트는 기본 파라미터 값을 찾는다고 했었다. 여기서도 인자가 undefined일 때 다음과 같이 기본 배열을 지정할 수 있다.

```
function myFunction([a, b, c = 3] = [1, 2, 3])
{
  console.log(a, b, c); //실행 결과 "1 2 3"
}

myFunction(undefined);
```

undefined를 넘겼기에 기본 배열 [1, 2, 3] 값을 가져왔다.

객체 해체 할당

객체 해체 할당은 객체 프로퍼티 값을 추출해서 변수에 할당한다.

ES5 이전에는 객체 프로퍼티 값을 다른 변수에 할당하려면 이 방법뿐이었다.

```
var object = {"name" : "민호", "age" : 23};
var name = object.name;
var age = object.age;
```

ES6부터는 객체 해체 할당문 한 줄이면 족하다.

```
let object = {"name" : "민호", "age" : 23};
let name, age;
({name, age} = object); //배열 해체 할당 구문
```

객체 해체 할당문 좌변에 객체 리터럴 형식으로 할당할 변수를 열거하고 우변에 프로퍼티를 추출할 객체를 놓은 다음 전체 문을 ()로 감싼다.

객체 프로퍼티명과 변수명은 반드시 같아야 한다. 변수명을 달리 하고 싶을 땐 다음처럼 한다.

```
let object = {"name" : "민호", "age" : 23};
let x, y;
({name: x, age: y} = object);
```

더 짧게 줄이면 이렇다.

```
let {name: x, age: y} = {"name" : "민호", "age" : 23};
```

변수와 객체 생성을 한 줄로 끝냈다. 같은 줄에서 변수를 생성하니 문 전체를 ()로 감싸지 않아도 된다.

변수의 기본값
객체 프로퍼티가 undefined일 경우에는 변수에 기본값을 준다.

```
let {a, b, c = 3} = {a: "1", b: "2"};
console.log(c); //실행 결과 "3"
```

조합 프로퍼티명을 해체
프로퍼티명을 동적으로 조합할 경우 표현식을 []로 감싼다.

```
let {["first"+"Name"]: x} = { firstName: "수지" };
console.log(x); //실행 결과 "수지"
```

중첩 객체를 해체
중첩된 객체, 즉 객체 속 객체의 프로퍼티는 다음과 같이 추출한다.

```
var {name, otherInfo: {age}} = {name: "수지", otherInfo: {age: 23}};
console.log(name, age); //수지 23
```

파라미터로 객체 해체 할당 사용
배열 해체 할당과 더불어 객체 해체 할당도 함수 파라미터로 사용 가능하다.

```
function myFunction({name = '수지', age = 23, profession = "연예인"} = {})
{
  console.log(name, age, profession); //실행 결과 "민호 23 연예인"
}

myFunction({name: "민호", age: 23});
```

myFunction에 undefined를 넘겨 호출하면 기본 객체로 지정한 빈 객체를 인자값으로 사용한다.

화살표 함수

ES6부터 => 연산자로 함수를 생성하는, 화살표 함수arrow function가 처음 생겼다. 화살표 함수는 보다 간결한 구문을 지닌 익명 함수anonymous function다.

화살표 함수의 생성 예제다.

```
let circleArea = (pi, r) => {
  let area = pi * r * r;
  return area;
}


let result = circleArea(3.14, 3);

console.log(result); //실행 결과 "28.26"
```

circleArea가 화살표 함수를 참조하는 변수다. ES5 이전 코드로 바꾸면 이렇다.

```
var circleArea = function(pi, r) {
  var area = pi * r * r;
  return area;
}


var result = circleArea(3.14, 3);

console.log(result); //실행 결과 "28.26"
```

문이 하나밖에 없는 화살표 함수는 {} 기호를 생략할 수 있다.

```
let circleArea = (pi, r) => pi * r * r;
let result = circleArea(3.14, 3);

console.log(result); //실행 결과 "28.26"
```

{}가 없기 때문에 바디body 내부의 문 값을 자동으로 반환한다.

화살표 함수에서의 this 값

화살표 함수에서 this 값은 해당 스코프(화살표 함수를 정의한 지점을 둘러싼 전역/함수 스코프)의 this 값과 같다. 여타 함수에서 this가 콘텍스트 객체_{context object}(해당 함수를 내부 프로퍼티로 소유한 객체)를 가리키는 것과는 대조적이다.[1]

일반 함수와 화살표 함수가 참조하는 this 값이 어떻게 다른지 보자.

```
var object = {
  f1: function(){
    console.log(this);
    var f2 = function(){ console.log(this); }
    f2();
    setTimeout(f2, 1000);
  }
}

object.f1();
```

실행 결과는 다음과 같다.

```
Object
Window
Window
```

f1은 object의 프로퍼티이므로 f1 함수의 this는 object다. f2는 window 객체의 프로퍼티여서 f2의 this는 window다.

동일한 코드를 화살표 함수로 바꾸면 다음과 같다.

```
var object = {
  f1: () => {
    console.log(this);
    var f2 = () => { console.log(this); }
    f2();
    setTimeout(f2, 1000);
  }
}

object.f1();
```

---

1 스코프(scope)와 콘텍스트(context)의 차이를 명확하게 구분해야 한다. 스코프는 어떤 함수를 호출할 때마다 변수를 접근할 수 있는 범위이고, 콘텍스트는 현재 실행 중인 코드를 소유한 객체의 참조값, 즉 this 값을 말한다. – 옮긴이

실행 결과는 다음과 같다.

```
Window
Window
Window
```

f1의 스코프는 전역이므로 f1의 this는 전역 스코프의 this 값이다. 마찬가지로 f2는 f1 스코프 안에 살고 있으므로 f2의 this는 f1의 this를 가리킨다.

화살표 함수와 일반 함수의 차이점

화살표 함수는 객체 생성자로 사용할 수 없다. 즉, new 연산자를 못 쓴다.

화살표 함수는 Function 생성자의 인스턴스로, 구문, this 값, new 연산자를 제외하면 차이점이 없다.

강화된 객체 리터럴

ES6는 객체 리터럴로 프로퍼티를 생성하는 새로운 구문을 제공한다.

프로퍼티 정의

ES6부터 변수명과 동일한 이름을 가진 객체 프로퍼티에 간편하게 값을 할당할 수 있게 됐다.

예전에는 이렇게 했었다.

```
var x = 1, y = 2;
var object = {
  x: x,
  y: y
};

console.log(object.x); //실행 결과 "1"
```

ES6부터는 다음과 같이 쓴다.

```
let x = 1, y = 2;
let object = { x, y };

console.log(object.x); //실행 결과 "1"
```

메소드 정의

다음은 객체 메소드를 정의하는 새로운 구문이다.

```
let object = {
  myFunction(){
    console.log("안녕하세요!!!"); //실행 결과 "안녕하세요!!!"
  }
}

object.myFunction();
```

간결해진 구문 덕분에 객체 메소드에서 사용할 수 없었던 super를 쓸 수 있게 됐다.
뒷부분에서 다시 이야기한다.

조합 프로퍼티명

조합 프로퍼티명computed property name은 런타임 시점에 프로퍼티명을 조합한 것으
로, 표현식의 동적 계산 결과를 프로퍼티명으로 쓴다.

ES5 이전까지는 이렇게 정의했었다.

```
var object = {};

object["first"+"Name"] = "수지"; //"firstName"이 프로퍼티명

//추출
console.log(object["first"+"Name"]); //실행 결과 "수지"
```

객체 생성 후 프로퍼티를 덧붙이는 식이다. ES6부터는 객체 생성과 동시에 조합한
이름의 프로퍼티를 추가할 수 있다.

```
let object = {
  ["first" + "Name"]: "수지",
};

//추출
console.log(object["first" + "Name"]); //실행 결과 "수지"
```

요약

이 장에서는 변수 스코프, 읽기 전용 변수, 배열을 개별 값으로 나누기, 여러 파라미터를 함수에 전달하기, 객체/배열로부터 데이터 추출, 화살표 함수, 객체 프로퍼티를 생성하는 새로운 방법을 알아보았다.

다음 장에서는 내장 객체 및 심볼을 학습한 뒤, ES6에서 추가된 각종 문자열, 배열, 객체의 프로퍼티를 살펴본다.

2

라이브러리

ES6는 내장 객체에 새 프로퍼티/메소드를 다수 추가하여 개발자가 쉽게 처리할 수 있게 지원한다. 덕분에 굳이 에러나기 쉬운 꼼수를 쓰지 않아도 숫자, 문자열, 배열에 여러 가지 기능을 구현할 수 있다. 이 장에서는 자바스크립트 객체에 추가된 새로운 기능을 둘러본다.

다음은 이 장의 주제다.

- Number 객체의 새 프로퍼티/메소드
- 숫자 상수를 2진법, 8진법으로 나타내기
- Math 객체의 새 프로퍼티/메소드
- 여러 줄multiline 문자열 생성 및 String 객체의 새 메소드
- Array 객체의 새 프로퍼티/메소드
- 맵과 세트의 정의

- 배열 버퍼와 타입화 배열
- Object 객체의 새 프로퍼티/메소드

숫자

ES6부터 새로운 숫자 생성 방식과 Number 객체의 새 프로퍼티 덕분에 더 쉽게 숫자를 다룰 수 있게 됐다. 강화된 Number 객체를 이용하여 수학 계산 위주의 애플리케이션을 쉽게 작성하고 에러를 유발하던 헷갈리는 부분을 바로 잡을 수 있다. 또 숫자 상수의 8진법 변환처럼 ES5 이전에도 가능했던 작업을 새로운 방법으로 구현할 수 있다.

 자바스크립트는 숫자를 10진수로 나타낸다. 숫자 상수 역시 기본적으로 10진수다.

2진수

자바스크립트만으로 숫자 상수를 2진수로 나타낼 방법은 없었다. ES6부터는 숫자 상수 앞에 0b를 붙이면 자바스크립트 엔진이 2진수로 처리한다.

```
let a = 0b00001111; //10진수 15의 2진수
let b = 15;

console.log(a === b);
console.log(a);
```

실행 결과는 다음과 같다.

```
true
15
```

8진수

ES5 이전엔 숫자 상수를 앞에 0을 붙여 8진수로 표기했었다.

```
var a = 017; //10진수 15의 8진수
var b = 15;

console.log(a === b);
console.log(a);
```

실행 결과는 다음과 같다.

```
true
15
```

그런데 초심자들은 이러한 8진수 표기를 10진수 0으로 헷갈리기 일쑤였다(예: 017 을 17로 착각). 혼동을 막고자 ES6는 0o로 바꾸었다.

```
let a = 0o17; //10진수 15의 8진수
let b = 15;

console.log(a === b);
console.log(a);
```

실행 결과는 다음과 같다.

```
true
15
```

Number.isInteger(number) 메소드

자바스크립트는 모든 숫자를 64비트 부동 소수점 형태로 저장하며, 정수는 소수점이 없는, 즉 소수점이 0인 부동 소수점 숫자다.

ES5 이전엔 정수 여부를 판별할 방법이 마땅치 않았는데, ES6부터 Number. asInteger()라는 새 메소드가 인자의 정수 여부를 true/false로 반환한다.

```
let a = 17.0;
let b = 1.2;
```

```
console.log(Number.isInteger(a));
console.log(Number.isInteger(b));
```

실행 결과는 다음과 같다.

```
true
false
```

Number.isNaN(value) 메소드

어떤 변수가 NaN인지 판단하는 일은 지금까지 불가능했다.

 전역 isNaN() 함수는 숫자 여부를 판별한다. 숫자 아닌 값은 true, 그 외엔 false를 반환한다.

ES6부터 Number.isNaN() 메소드가 NaN 값 여부를 체크한다. Number.isNaN()과 전역 isNaN()의 쓰임새가 어떻게 다른지 다음 예제를 보자.

```
let a = "NaN";
let b = NaN;
let c = "안녕하세요";
let d = 12;

console.log(Number.isNaN(a));
console.log(Number.isNaN(b));
console.log(Number.isNaN(c));
console.log(Number.isNaN(d));

console.log(isNaN(a));
console.log(isNaN(b));
console.log(isNaN(c));
console.log(isNaN(d));
```

실행 결과는 다음과 같다.

```
false
true
false
```

```
false
true
true
true
false
```

보다시피 `Number.isNaN()` 메소드는 정확히 NaN일 경우에만 `true`를 반환한다.

 Number.isNaN(value) 대신 ==나 === 연산자를 사용하면 되지 않느냐고 반문할 독자도 있을 것이다. NaN은 자기 자신과도 동등하지 않은 유일무이한 값으로, NaN == NaN, NaN === NaN은 모두 false다.

Number.isFinite(number) 메소드

ES5 이전엔 유한 숫자finite number 여부를 판단할 방법이 없었다.

 전역 isFinite() 함수는 유한 숫자 여부를 체크하지만 딱하게도 Number 타입으로 변환된 값들까지 true를 반환한다.

이제 `Number.isFinite()` 메소드가 있어서 `window.isFinite()` 함수의 문제점이 해결되었다.

```
console.log(isFinite(10));
console.log(isFinite(NaN));
console.log(isFinite(null));
console.log(isFinite([]));

console.log(Number.isFinite(10));
console.log(Number.isFinite(NaN));
console.log(Number.isFinite(null));
console.log(Number.isFinite([]));
```

실행 결과는 다음과 같다.

```
true
false
true
true
true
false
false
false
```

Number.isSafeInteger(number) 메소드

자바스크립트 숫자는 IEEE 754 국제 표준에 따라 64비트 부동 소수점 숫자로 저장된다. 숫자(가수부fraction)는 0~51비트, 지수부exponent는 52~62비트, 그리고 부호는 마지막 비트에 위치한다.

자바스크립트에서 안전 정수safe integer란 IEEE 754 규격에 맞게 다른 정수로 반올림하지 않아도 되는 숫자로, 수학적으로는 $-(2^{53} - 1) \sim (2^{53} - 1)$ 범위의 숫자다.

```
console.log(Number.isSafeInteger(156));
console.log(Number.isSafeInteger('1212'));
console.log(Number.isSafeInteger(Number.MAX_SAFE_INTEGER));
console.log(Number.isSafeInteger(Number.MAX_SAFE_INTEGER + 1));
console.log(Number.isSafeInteger(Number.MIN_SAFE_INTEGER));
console.log(Number.isSafeInteger(Number.MIN_SAFE_INTEGER - 1));
```

실행 결과는 다음과 같다.

```
true
false
true
false
true
false
```

ES6의 Number.MAX_SAFE_INTEGER와 Number.MIN_SAFE_INTEGER는 각각 $-(2^{53} - 1)$, $(2^{53} - 1)$다.

Number.EPSILON 프로퍼티

자바스크립트는 컴퓨터가 정확히 나타낼 수 없는 0.1, 0.2, 0.3 같은 숫자를 이진 부동 소수점 방식으로 표현한다. 0.1 같은 숫자는 가장 근사한 숫자로 반올림되는 탓에 결괏값은 미세한 반올림 오차만큼 차이가 날 수밖에 없다.

```
console.log(0.1 + 0.2 == 0.3);
console.log(0.9 - 0.8 == 0.1);
console.log(0.1 + 0.2);
console.log(0.9 - 0.8);
```

실행 결과는 다음과 같다.

```
false
false
0.30000000000000004
0.09999999999999998
```

ES6의 Number.EPSILON 프로퍼티는 약 2^{-52}로, 부동 소수점 숫자와 비교 시 이치에 맞는 에러 한계치margin of error를 나타낸다. 이 숫자 이내의 미세한 반올림 오차는 무시하고 부동 소수점 숫자를 비교하는 함수를 만들어 쓸 수 있다.

```
function epsilonEqual(a, b)
{
  return Math.abs(a - b) <Number.EPSILON;
}

console.log(epsilonEqual(0.1 + 0.2, 0.3));
console.log(epsilonEqual(0.9 - 0.8, 0.1));
```

실행 결과는 다음과 같다.

```
true
true
```

epsilonEqual은 두 값의 동등 여부를 비교하는 함수로, 올바른 결괏값을 반환한다.

자바스크립트와 부동 소수점 산술에 관한 자세한 정보는 http://floating-point-gui.de/를 참고하자.

수학 연산

Math 객체에도 삼각, 산술 등의 연산 메소드가 대거 추가됐다. 덕분에 외부 라이브러리를 쓰지 않아도 정확도가 높고 성능 면에서도 최적화된 내장 메소드를 사용할 수 있게 됐다.

삼각 연산

Math 객체의 새로운 삼각 연산 메소드 사용법을 보자.

```
console.log(Math.sinh(0));   //하이퍼볼릭 사인 값
console.log(Math.cosh(0));   //하이퍼볼릭 코사인 값
console.log(Math.tanh(0));   //하이퍼볼릭 탄젠트 값
console.log(Math.asinh(0));  //역 하이퍼볼릭 사인 값
console.log(Math.acosh(1));  //역 하이퍼볼릭 코사인 값
console.log(Math.atanh(0));  //역 하이퍼볼릭 탄젠트 값
console.log(Math.hypot(2, 2, 1));//피타고라스 정리
```

실행 결과는 다음과 같다.

```
0
1
0
0
0
0
3
```

산술 연산

다음은 새로 합류한 산술 연산 메소드들이다.

```
console.log(Math.log2(16));      //2를 밑으로 한 로그
console.log(Math.log10(1000));   //10을 밑으로 한 로그
console.log(Math.log1p(0));      //log(1 + value)와 동일
console.log(Math.expm1(0));      //Math.log1p(0)의 역
console.log(Math.cbrt(8));       //세제곱근 값
```

실행 결과는 다음과 같다.

```
4
3
0
0
2
```

기타 메소드

그 밖에도 숫자 변환 및 숫자에서 정보를 추출하는 메소드가 추가됐다.

Math.imul(number1, number2) 함수

Math.imul() 함수는 32비트 정수 2개를 받아 곱한 결괏값의 하위 32비트를 반환한다. 자바스크립트에서 32비트 정수 곱셈을 할 수 있는 유일한 방법이다.

```
console.log(Math.imul(590, 5000000)); //32비트 정수 곱셈
console.log(590 * 5000000); //64비트 부동 소수점 곱셈
```

실행 결과는 다음과 같다.

```
-1344967296
2950000000
```

곱셈 결과 큰 수치는 32비트로 저장할 수 없으므로 하위 비트는 소실된다.

The Math.clz32(number) 함수

`Math.clz32()` 함수는 32비트 숫자의 전치 제로 비트_{leading zero bit}를 반환한다.

```
console.log(Math.clz32(7));
console.log(Math.clz32(1000));
console.log(Math.clz32(295000000));
```

실행 결과는 다음과 같다.

```
29
22
3
```

The Math.sign(number) 함수

`Math.sign()`은 주어진 숫자가 음수, 양수, 0인지 반환한다.

```
console.log(Math.sign(11));
console.log(Math.sign(-11));
console.log(Math.sign(0));
```

실행 결과는 다음과 같다.

```
1
-1
0
```

The Math.trunc(number) 함수

`Math.trunc()` 함수는 가수부를 덜어낸 정수부 숫자만 반환한다.

```
console.log(Math.trunc(11.17));
console.log(Math.trunc(-1.112));
```

실행 결과는 다음과 같다.

```
11
-1
```

The Math.fround(number) 함수

`Math.fround()`는 32비트 부동 소수점 값으로 반올림하는 함수다.

```
console.log(Math.fround(0));
console.log(Math.fround(1));
console.log(Math.fround(1.137));
console.log(Math.fround(1.5));
```

실행 결과는 다음과 같다.

```
0
1
1.1369999647140503
1.5
```

문자열

새로운 방법으로 문자열을 생성하고 쉽게 다룰 수 있도록 전역 문자열 객체/인스턴스에 프로퍼티가 추가됐다. 사실, 자바스크립트 문자열은 파이썬, 루비 등 다른 언어에 비해 기능이 빈약하고 초라했는데 ES6부터 새롭게 단장했다.

문자열 신기능을 살펴보기 전에 자바스크립트의 내부 캐릭터character 인코딩과 이스케이프 무리sequence를 알아두자. 유니코드Unicode 캐릭터 세트의 모든 캐릭터는 코드 포인트code point라는 10진수 숫자로 나타낸다. 코드 유닛code unit은 코드 포인트를 저장할 메모리상의 고정 비트 수를 말하며, 인코딩 스키마encoding schema에 따라 그 길이가 결정된다. 이를 테면 UTF-8의 코드 유닛은 8비트, UTF-16라면 16비트다. 코드 유닛과 맞지 않는 코드 포인트는 여러 코드 유닛으로 쪼개진다. 즉, 일련의 여러 캐릭터로 다른 캐릭터를 구성하는 것이다.

자바스크립트 소스코드는 기본적으로 UTF-16 코드 유닛으로 표현한다. 소스코드의 인코딩 스키마가 UTF-8이면 자바스크립트 엔진이 UTF-8 코드 유닛으로 해석하도록 지시한다. 자바스크립트 문자열은 언제나 UTF-16 코드 포인트로 이루어진다.

65536 이하 코드 포인트의 유니코드 캐릭터는 자바스크립트 문자열 또는 소스코드에서 모두 해당 코드 포인트 값(16진수) 앞에 \u를 붙여 이스케이프escape할 수 있다. 이스케이프 문자열은 6개의 캐릭터고 \u 다음에 반드시 4개의 캐릭터가 온다. 16진수 캐릭터 코드가 하나밖에 없을 땐 두세 개 캐릭터 길이라서 앞에 0으로 패딩을 해야 한다.

```
var \u0061 = "\u0061\u0062\u0063";
console.log(a); //실행 결과 "abc"
```

비트가 초과된 코드 포인트를 이스케이프

ES5 이전엔 저장 공간이 16비트 이상인 캐릭터를 이스케이프하려면 유니코드 2개가 필요했다. 예를 들어, \u1F691을 문자열에 추가하려면 다음과 같이 이스케이프했었다.

```
console.log("\uD83D\uDE91");
```

\uD83D와 \uDE91처럼 다른 하나의 캐릭터를 표현하기 위해 나란히 붙인 2개의 유니코드를 서로게이트 페어surrogate pair라 한다.

ES6부터는 서로게이트 페어 없이도 쓸 수 있다.

```
console.log("\u{1F691}");
```

\u1F691를 \uD83D\uDE91로 저장하므로 문자열 길이는 2다.

codePointAt(index) 메소드

codePointAt() 메소드는 주어진 인덱스의 캐릭터에 해당하는 코드 포인트를 음이 아닌 정수로 반환한다.

```
console.log("\uD83D\uDE91".codePointAt(1));
console.log("\u{1F691}".codePointAt(1));
console.log("hello".codePointAt(2));
```

실행 결과는 다음과 같다.

```
56977
56977
108
```

String.fromCodePoint(number1, ..., number 2) 메소드

fromCodePoint() 메소드는 코드 포인트 뭉치를 입력받아 해당 문자열을 반환한다.

```
console.log(String.fromCodePoint(0x61, 0x62, 0x63));
console.log("\u0061\u0062" == String.fromCodePoint(0x61, 0x62));
```

실행 결과는 다음과 같다.

```
abc
true
```

repeat(count) 메소드

repeat()는 문자열을 원하는 개수만큼 복사하여 연결된 문자열을 반환하는 메소드다.

```
console.log("ㅋ".repeat(6)); //실행 결과 "ㅋㅋㅋㅋㅋㅋ"
```

includes(string, index) 메소드

include() 메소드는 주어진 문자열이 있는지 찾아보고 그 결과를 true/false로 반환한다.

```
var str = "안녕, 나는 자바스크립트 개발자라궁!";
console.log(str.includes("자바스크립트")); //실행 결과 "true"
```

특정 위치 다음부터 찾고 싶으면 두 번째 선택 파라미터에 인덱스 값을 준다.

```
var str = "안녕, 나는 자바스크립트 개발자라궁!";
console.log(str.includes("자바스크립트", 13)); //실행 결과 "false"
```

startsWith(string, index) 메소드

startsWith()는 주어진 문자열로 시작하는지 여부를 true/false로 반환하는 메소드다.

```
var str = "안녕, 나는 자바스크립트 개발자라궁!";
console.log(str.startsWith('안녕, 나는')); //실행 결과 "true"
```

두 번째 파라미터에 인덱스를 넣으면 이 위치부터 조사한다.

```
var str = "안녕, 나는 자바스크립트 개발자라궁!";
console.log(str.startsWith('자바스크립트 개발자', 7)); //실행 결과 "true"
```

endsWith(string, index) 함수

endsWith()는 반대로 주어진 문자열로 끝나는지 확인하는 메소드다. 역시 두 번째 파라미터에 찾아볼 시작 위치를 지정할 수 있다.

```
var str = "안녕, 나는 자바스크립트 개발자라궁!";
console.log(str.endsWith("개발자라궁!")); //실행 결과 "true"
console.log(str.endsWith("개발자", 17)); //실행 결과 "true"
```

정규화

정규화normalization란 문자열 의미를 고정한 채 코드 포인트를 검색하고 표준화하는 과정을 말한다.

정규화 유형에는 NFC, NFD, NFKC, NFKD 등이 있다.

유니코드 문자열 정규화에 대해 용례별로 알아보자.

사례

16비트로 저장하면서 서로게이트 페어로 나타낼 수 있는 유니코드는 상당히 많다. 예컨대, e 캐릭터는 다음 두 가지 방법으로 이스케이프가 가능하다.

```
console.log("\u00E9");  //실행 결과 'e'
console.log("e\u0301"); //실행 결과 'e'
```

그런데, == 연산자로 비교하거나 length를 참조/순회 시 예기치 않은 결과가 나올 수 있다.

```javascript
var a = "\u00E9";
var b = "e\u0301";

console.log(a == b);
console.log(a.length);
console.log(b.length);

for(let i = 0; i<a.length; i++)
{
  console.log(a[i]);
}

for(let i = 0; i<b.length; i++)
{
  console.log(b[i]);
}
```

실행 결과는 다음과 같다.

```
false
1
2
é
é
```

똑같은 문자열을 표현만 달리 했는데 연산 결과는 제각각이다.

length 프로퍼티는 서로게이트 페어를 무시하고 무조건 16비트를 하나의 캐릭터로 간주한다. == 연산자 역시 2진수 단위로 비트수를 대조하므로 서로게이트 페어를 무시한다. [] 연산자도 매 16비트가 인덱스여서 마찬가지다.

문제를 해결하려면 서로게이트 페어를 16비트 캐릭터로 바꾸어야 하는데, 바로 이때 정규화가 필요하다. ES6는 친절하게도 normalize()라는 도우미를 제공한다.

```
var a = "\u00E9".normalize();
var b = "e\u0301".normalize();

console.log(a == b);
console.log(a.length);
console.log(b.length);

for(let i = 0; i<a.length; i++)
{
  console.log(a[i]);
}

for(let i = 0; i<b.length; i++)
{
  console.log(b[i]);
}
```

실행 결과는 다음과 같다.

```
true
1
1
é
e´
```

결과가 제대로 나왔다. normalize()는 정규화한 문자열을 반환하며 NFC 형식을 기본으로 사용한다.

서로게이트 페어는 정규화의 한 방법일 뿐 실제로 많은 다른 용도가 있다.

 정규화된 문자열은 일반 사용자에게 보여줄 용도로 만드는 게 아니다. 내부적인 문자열 비교/검색에만 쓰인다.

유니코드 문자열의 정규화 및 형식에 대해 궁금한 독자는 http://www.unicode.org/reports/tr15/를 참고하자.

템플릿 문자열

템플릿 문자열은 문자열을 생성하는 새로운 리터럴이다. 표현식/문자열 삽입, 여러 줄 문자열, 문자열 형식화, 문자열 태깅 등 다양한 기능을 제공하므로 알아두면 여러모로 편리하다. 런타임 시점에 일반 자바스크립트 문자열로 처리/변환되므로 안심하고 그냥 문자열처럼 사용할 수 있다.

템플릿 문자열은 홑/곁따옴표 대신 역따옴표(`)로 나타낸다.

```
let str1 = `안녕하세요!!!`; //템플릿 문자열
let str2 = "안녕하세요!!!";

console.log(str1 === str2); //실행 결과 "true"
```

표현식

ES5 이전엔 표현식을 다음과 같이 일반 문자열 안에 집어넣었다.

```
var a = 20;
var b = 10;
var c = "자바스크립트";
var str = "나는 " + (a + b) + "살이고 " + c + "를 좋아해";

console.log(str);
```

실행 결과는 다음과 같다.

나는 30살이고 자바스크립트를 좋아해

ES6 템플릿 문자열은 자체로 표현식을 가질 수 있기 때문에 문자열에 표현식을 쉽게 끼워 넣을 수 있다. 달러 기호($)와 중괄호 {}로 표시한 자리끼움placeholder 위치에 표현식을 ${표현식} 형태로 넣는다. 그러면 이 표현식의 귀결값resolved value으로 둘러싸인 텍스트는 함수로 전달되어 템플릿 문자열은 일반 문자열로 치환된다. 함수의 기본 기능은 조각들을 이어 붙여 하나의 문자열을 만드는 것이다. 문자열 처리를 전담할 함수를 따로 정의하는 경우, 템플릿 문자열을 태그드 템플릿 문자열tagged template string이라고 하고 문자열 처리 함수를 태그 함수tag function라고 부른다.

템플릿 문자열에 표현식을 심는 예제를 보자.

```
let a = 20;
let b = 10;
let c = "자바스크립트";
let str = '나는 ${a+b}살이고 ${c}를 좋아해';

console.log(str);
```

실행 결과는 다음과 같다.

나는 30살이고 자바스크립트를 좋아해

이번에는 태그드 템플릿 문자열, 즉 태그 함수로 문자열을 처리하는 코드다. 기본 함수와 동일한 태그 함수를 구현해보자.

```
let tag = function(strings, ...values)
{
  let result = "";

  for(let i = 0; i<strings.length; i++)
  {
    result += strings[i];

    if(i<values.length)
    {
      result += values[i];
    }
  }

  return result;
};

return result;
};

let a = 20;
let b = 10;
let c = "자바스크립트";
```

```
let str = tag '나는 ${a+b}살이고 ${c}를 좋아해';

console.log(str);
```

실행 결과는 다음과 같다.

나는 30살이고 자바스크립트를 좋아해

태그 함수 tag의 이름은 뭐라 짓든 상관없다. 이 함수는 파라미터 2개(첫 번째는 템플릿 문자열의 문자열 배열 리터럴, 두 번째는 표현식의 귀결값 배열)를 받는다. 인자가 여러 개라서 두 번째 파라미터 자리에 나머지 파라미터를 썼다.

여러 줄 문자열

여러 줄에 걸친 텍스트를 템플릿 문자열로 생성하는 방법을 알아보자.

ES5 이전엔 개행 문자 \n로 줄바꿈을 했었다.

```
console.log("1\n2\n3");
```

실행 결과는 다음과 같다.

```
1
2
3
```

ES6부터는 알기 쉽게 여러 줄 문자열multiline string을 쓰면 된다.

```
console.log(`1
2
3`);
```

실행 결과는 다음과 같다.

```
1
2
3
```

\n 대신 그냥 개행했다. 템플릿 문자열이 일반 문자열로 바뀔 때 이 부분이 모두 \n으로 바뀐다.

원래 문자열

원래 문자열raw string은 이스케이프 문자를 해석하지 않은 일반 문자열이다.

원래 문자열도 템플릿 문자열로 만들 수 있다. `String.raw` 태그 함수를 이용하면 템플릿 문자열의 원래 모습이 나온다.

```
let s = String.raw `xy\n${ 1 + 1 }z`;
console.log(s);
```

실행 결과는 다음과 같다.

```
xy\n2z
```

\n은 개행 문자가 아닌, \과 n이라는 두 문자로 취급되어 변수 s의 길이는 6이다.

태그 함수를 만들어 원래 문자열을 반환하려면 첫 번째 인자의 raw 프로퍼티를 사용한다. 이 프로퍼티는 첫 번째 인자에 해당하는 문자열의 원래 모습을 담고 있는 배열이다.

```
let tag = function(strings, ...values)
{
  return strings.raw[0]
};

let str = tag `안녕 \n 하세요!!!`;

console.log(str);
```

실행 결과는 다음과 같다.

```
안녕 \n 하세요!!!
```

배열

ES6에는 전역 배열 객체/인스턴스에 새로운 프로퍼티가 있어서 배열을 다루기 쉬워졌다. 자바스크립트 배열은 파이썬, 루비 등 다른 프로그래밍 언어보다 기능이 빈약해서 개선한 것이다.

Array.from(iterable, mapFunc, this) 메소드

Array.from()는 이터러블 객체에서 새 배열 인스턴스를 생성하는 메소드다. 첫 번째 인자는 이터러블 객체, 두 번째 선택 인자는 이터러블 객체의 각 원소를 상대로 호출할 콜백(맵 함수Map function라고 한다), 세 번째 선택 인자는 맵 함수 내부의 this 값을 각각 가리킨다.

```
let str = "0123";
let obj = {number: 1};
let arr = Array.from(str, function(value){
  return parseInt(value) + this.number;
}, obj);

console.log(arr);
```

실행 결과는 다음과 같다.

```
1, 2, 3, 4
```

Array.of(values...) 메소드

Array.of() 메소드는 배열을 생성하는 Array 생성자의 대체 수단이다. Array 생성자가 만드는 배열은 하나의 숫자 인자 값이 length 프로퍼티 값인 빈 배열이다. Array.of()는 인자 값을 유일한 원소로 하는 배열을 생성한다.

```
let arr1 = new Array(2);
let arr2 = new Array.of(2);

console.log(arr1[0], arr1.length);
console.log(arr2[0], arr2.length);
```

실행 결과는 다음과 같다.

```
undefined 2
2 1
```

새 배열 인스턴스를 동적으로 생성할 때, 즉 원소의 값 타입이나 원소가 몇 개 포함될지 알 수 없다면 Array 대신 Array.of()를 쓰자.

fill(value, startIndex, endIndex) 메소드

fill() 메소드는 startIndex부터 endIndex까지(endIndex는 포함되지 않음) 주어진 값value으로 배열 원소를 채운다. startIndex, endIndex는 선택 인자로 비워두면 배열 전체를 가득 채운다. startIndex만 넣으면 endIndex의 기본값은 배열 길이 – 1이다.

startIndex가 음수이면 배열 길이 + startIndex로, endIndex가 음수면 배열 길이 + endIndex로 간주한다.

```
let arr1 = [1, 2, 3, 4];
let arr2 = [1, 2, 3, 4];
let arr3 = [1, 2, 3, 4];
let arr4 = [1, 2, 3, 4];
let arr5 = [1, 2, 3, 4];

arr1.fill(5);
arr2.fill(5, 1, 2);
arr3.fill(5, 1, 3);
arr4.fill(5, -3, 2);
arr5.fill(5, 0, -2);

console.log(arr1);
console.log(arr2);
console.log(arr3);
console.log(arr4);
console.log(arr5);
```

실행 결과는 다음과 같다.

```
5,5,5,5
1,5,3,4
1,5,5,4
1,5,3,4
5,5,3,4
```

find(testingFunc, this) 메소드

find() 메소드는 테스트 함수를 만족하는 배열 원소를 반환하며 만족하지 않을 땐 undefined를 내놓는다.

첫 번째 인자는 테스트 함수, 두 번째 선택 인자는 테스트 함수 내부의 this 값이다.

테스트 함수의 첫 번째 파라미터는 대상 배열 원소, 두 번째 파라미터는 처리 중인 현재 원소의 인덱스, 세 번째 파라미터는 find()를 호출한 배열이다.

테스트 함수를 만족하면 true를 반환하며, find() 메소드는 이 함수를 만족하는 첫 번째 원소를 찾는다.

```
var x = 12;
var arr = [11, 12, 13];
var result = arr.find(function(value, index, array){
  if(value == this)
  {
    return true;
  }
}, x);

console.log(result); //실행 결과 "12"
```

findIndex(testingFunc, this) 메소드

findIndex()는 find()와 비슷한 메소드로, 조건에 맞는 원소 대신 그 인덱스를 반환한다.

```
let x = 12;
let arr = [11, 12, 13];
let result = arr.findIndex(function(value, index, array){
  if(value == this)
  {
    return true;
  }
}, x);

console.log(result); //실행 결과 "1"
```

copyWithin(targetIndex, startIndex, endIndex) 함수

copyWithin() 메소드는 배열값 무리를 다른 위치에 복사해 넣는다.

이 메소드의 첫 번째 인자는 원소를 복사할 타깃 인덱스, 두 번째 인자는 복사를
시작할 인덱스, 세 번째 선택 인자는 원소 복사가 끝나는 인덱스다.

세 번째 인자를 비워두면 기본값은 length(배열 길이) - 1이다. startIndex가 음
수면 length + startIndex, endIndex가 음수면 length + endIndex로 계산한다.

```
let arr1 = [1, 2, 3, 4, 5];
let arr2 = [1, 2, 3, 4, 5];
let arr3 = [1, 2, 3, 4, 5];
let arr4 = [1, 2, 3, 4, 5];

arr1.copyWithin(1, 2, 4);
arr2.copyWithin(0, 1);
arr3.copyWithin(1, -2);
arr4.copyWithin(1, -2, -1);

console.log(arr1);
console.log(arr2);
console.log(arr3);
console.log(arr4);
```

실행 결과는 다음과 같다.

```
1,3,4,4,5
2,3,4,5,5
1,4,5,4,5
1,4,3,4,5
```

entries(), keys(), and values() 메소드

entries()는 배열 각 인덱스의 키/값 쌍을 가진 이터러블 객체를 반환하는 메소
드다. keys()는 각 인덱스 키를 담은 이터러블 객체를, values()는 값을 포함한
이터러블 객체를 각각 반환한다.

entries()가 반환한 이터러블 객체는 배열 형태로 키/값 쌍을 갖고 있다.

이 함수들이 반환한 이터러블 객체는 배열이 아니다.

```
let arr = ['a', 'b', 'c'];
let entries = arr.entries();
let keys = arr.keys();
let values = arr.values();

console.log(...entries);
console.log(...keys);
console.log(...values);
```

실행 결과는 다음과 같다.

```
0,a 1,b 2,c
0 1 2
a b c
```

콜렉션

콜렉션은 원소 여러 개를 모아놓은 객체로, ES6에서 데이터를 저장/조직하는 더욱 개선된 다수의 콜렉션 객체가 새로 추가됐다.

예전엔 배열이 유일한 콜렉션 객체였지만, 배열 버퍼, 타입화 배열, 세트, 맵 등 가짓수가 늘었다.

배열 버퍼

배열은 문자열, 숫자, 객체 등 어떤 타입의 원소라도 담을 수 있고 동적으로 계속 커질 수 있는 반면, 실행 시간이 느려지고 메모리 점유율이 높아진다는 점이 문제다. 계산량이 많고 대량 데이터가 오가는 애플리케이션이라면 큰 이슈가 될 수 있다. 이런 까닭으로 배열 버퍼array buffer가 등장하게 되었다.

배열 버퍼는 메모리 상의 8비트 블록 콜렉션이고 블록 하나가 배열 버퍼의 원소다. 배열 버퍼의 크기는 생성 시 결정되므로 동적으로 커지지 않으며, 숫자만 저장할 수 있고 처음에 모든 블록이 0으로 초기화된다.

배열 버퍼 객체는 ArrayBuffer 생성자로 만든다.

```
let buffer = new ArrayBuffer(80); //80 바이트 크기
```

배열 버퍼 객체와 데이터 읽기/쓰기는 DateView 객체의 몫이다. 숫자를 꼭 8비트로만 나타내야 하는 건 아니고 8, 16, 32, 64비트로도 가능하다. DataView 객체를 생성해서 ArrayBuffer 객체에 읽기/쓰기하는 과정을 보자.

```
let buffer = new ArrayBuffer(80);
let view = new DataView(buffer);

view.setInt32(8,22,false);

var number = view.getInt32(8,false);

console.log(number); //실행 결과 "22"
```

DataView 객체는 배열 버퍼 숫자를 읽고 배열 버퍼에 숫자를 쓰기 위한 메소드를 여럿 제공한다. 여기서는 setInt32() 메소드로 주어진 숫자를 32비트로 저장했다.

배열 버퍼 객체에 데이터를 쓰는 DataView 객체의 메소드는 3개의 인자를 받는다. 첫 번째 인자는 오프셋offset, 즉 숫자를 써넣을 바이트, 두 번째 인자는 저장할 숫자, 세 번째 인자는 엔디안endian을 불린 타입으로 명시한다(false가 빅 엔디안big endian).

배열 버퍼 객체로부터 데이터를 읽는 DataView 객체의 메소드는 2개의 인자를 취한다. 첫 번째는 오프셋, 두 번째는 엔디안이다.

이외에도 숫자를 쓰는 DataView 객체의 함수는 다음과 같은 것들이 있다.

- **setInt8**: 8비트로 숫자를 저장한다. 부호 있는 정수signed integer를 받는다(-ve or +ve).

- **setUint8**: 8비트로 숫자를 저장한다. 부호 없는 정수unsigned integer를 받는다 (+ve).

- setInt16: 16비트로 숫자를 저장한다. 부호 있는 정수를 받는다.

- setUint16: 16비트로 숫자를 저장한다. 부호 없는 정수를 받는다.

- setInt32: 32비트로 숫자를 저장한다. 부호 있는 정수를 받는다.

- setUint32: 32비트로 숫자를 저장한다. 부호 없는 정수를 받는다.

- setFloat32: 32비트로 숫자를 저장한다. 부호 있는 소수를 받는다.

- setFloat64: 64비트로 숫자를 저장한다. 부호 있는 소수를 받는다.

다음은 숫자를 읽는 DataView 객체의 다른 함수들이다.

- getInt8: 8비트를 읽는다. 부호 있는 정수를 반환한다.

- getUint8: 8비트를 읽는다. 부호 없는 정수를 반환한다.

- getInt16: 16비트를 읽는다. 부호 있는 정수를 반환한다.

- getUint16: 16비트를 읽는다. 부호 없는 정수를 반환한다.

- getInt32: 32비트를 읽는다. 부호 있는 정수를 반환한다.

- getUint32: 32비트를 읽는다. 부호 없는 정수를 반환한다.

- getFloat32: 32비트를 읽는다. 부호 있는 소수를 반환한다.

- getFloat64: 64비트를 읽는다. 부호 있는 소수를 반환한다.

타입화 배열

배열 버퍼에서 숫자를 읽기/쓰기하는 방법을 배웠는데, 매번 이렇게 함수를 호출하는 건 상당히 귀찮다. 타입화 배열typed array은 마치 일반 배열을 다루는 것처럼 배열 버퍼 객체에 읽기/쓰기할 수 있게 해준다.

말하자면, 배열 버퍼 객체의 감싸미wrapper 노릇을 하면서 데이터를 n비트 숫자의 무리처럼 취급하는 것이다(n 값은 타입화 배열 생성 시 결정된다).

배열 버퍼 객체 생성 후 타입화 배열로 읽기/쓰기하는 방법을 살펴보자.

```
var buffer = new ArrayBuffer(80);
var typed_array = new Float64Array(buffer);
typed_array[4] = 11;

console.log(typed_array.length);
console.log(typed_array[4]);
```

실행 결과는 다음과 같다.

```
10
11
```

타입화 배열을 Float64Array 생성자로 만들었기 때문에 배열 버퍼의 데이터는 64비트 부호 있는 소수로 처리한다. 배열 버퍼 객체의 크기는 640 비트이므로 64 비트 숫자 10개만 저장 가능하다.

타입화 배열도 배열 버퍼 데이터를 상이한 비트 수로 나타내기 위한 다양한 생성 자를 갖고 있다.

- Int8Array: 8비트 부호 있는 정수로 다룬다.

- Uint8Array: 8비트 부호 없는 정수로 다룬다.

- Int16Array: 16비트 부호 있는 정수로 다룬다.

- Uint16Array: 16비트 부호 없는 정수로 다룬다.

- Int32Array: 32비트 부호 있는 정수로 다룬다.

- Uint32Array: 32비트 부호 없는 정수로 다룬다.

- Float32Array: 32비트 부호 있는 소수로 다룬다.

- Float64Array: 64비트 부호 있는 소수로 다룬다.

타입화 배열은 자바스크립트 일반 배열의 메소드를 모두 갖고 있고 이터러블 객체 로도 사용할 수 있다.

세트

세트는 타입에 상관없이 '유일한' 값을 담은 콜렉션으로 원소들은 삽입한 순서대로 정렬된다. 다음과 같이 Set 생성자로 만든다.

```
let set1 = new Set();
let set2 = new Set("안녕하세요!!!");
```

set1은 빈 세트이지만 set2는 이터러블 객체의 값, 즉 비어 있지 않은 문자열의 문자로 생성했으므로 빈 세트가 아니다.

세트로 어떤 일들을 할 수 있는지 알아보자.

```
let set = new Set("안녕하세요!!!");

set.add(12); //12를 추가

console.log(set.has("!")); //값이 존재하는지 확인
console.log(set.size);

set.delete(12); //12를 삭제

console.log(...set);

set.clear(); //모든 값을 삭제
```

실행 결과는 다음과 같다.

```
true
7
안 녕 하 세 요 !
```

9개의 원소를 set 객체에 추가했지만 세트에서 중복값(l과 ! 문자)은 자동 삭제되므로 size는 6이다.

세트도 이터러블 규약을 따르므로 이터러블 객체로 사용할 수 있다.

세트는 어떤 값을 조회하는 용도보다는 존재 여부를 확인하기 위해 값을 묶어둘 때 사용한다. 어떤 값이 있는지 알아보려고 indexOf() 메소드를 사용하는 경우라면 배열보다는 세트가 더 적합하다.

위크세트

세트와 위크세트WeakSet는 다음과 같은 차이점이 있다.

- 세트는 원시 타입primitive type과 객체 참조값 모두를 담을 수 있지만, 위크세트 WeakSet는 객체 참조값만 저장할 수 있다.
- 가장 주목할 만한 위크세트 객체의 특성은 내부에 저장된 객체를 참조하는 값이 없을 땐 가비지 콜렉션 대상이 된다는 점이다.
- 위크세트 객체는 열거할 수 없어서 크기를 알 수 없고 이터러블 규약을 따르지 않는다.

위크세트 객체는 WeakSet 생성자로 만들고 이터러블 객체를 인자로 넘길 수 없다.

```
letweakset = new WeakSet();

(function(){
  let a = {};
  weakset.add(a);
})()

//'a'는 위크세트에서 가비지 콜렉션 대상이다.
console.log(weakset.size); //실행 결과 "undefined"
console.log(...weakset); //예외 발생

weakset.clear(); //이런 함수는 없으므로 예외 발생
```

맵

맵Map은 키/값 쌍을 모아놓은 콜렉션으로 키/값의 타입은 제약이 없다. 삽입한 순서대로 정렬되며 맵 객체는 Map 생성자로 만든다.

맵의 용도를 살펴보자.

```
let map = new Map();
let o = {n: 1};

map.set(o, "A"); //추가
```

```
map.set("2", 9);

console.log(map.has("2")); //존재하는 키인지 확인
console.log(map.get(o)); //키의 해당 값 조회
console.log(...map);

map.delete("2"); //키/값 삭제
map.clear(); //전부 삭제

//이터러블 객체로부터 맵 생성
let map_1 = new Map([[1, 2], [4, 5]]);

console.log(map_1.size); //키 개수
```

실행 결과는 다음과 같다.

```
true
A
[object Object],A 2,9
2
```

이터러블 객체에서 맵을 생성한 후, 이터러블 객체가 반환한 값이 배열인지, length가 2인지(즉, 인덱스 0은 키, 인덱스 1은 값인지) 확인한다.

이미 존재하는 키를 추가하면 덮어쓴다. 맵 객체 역시 이터러블 규약을 따르므로 이터러블 객체로 쓸 수 있고 맵을 순회하면 예제처럼 키/값 쌍을 가진 배열을 반환한다.

위크맵

맵과 위크맵WeakMap의 차이점은 다음과 같다.

- 맵의 키는 원시 타입, 객체 참조값 모두 가능하지만 위크맵 키는 오직 객체 참조값만 가능하다.
- 가장 주요한 위크맵 객체의 특성은 내부에 저장된 객체를 참조하는 값이 없을 경우 가비지 콜렉션 대상이 된다는 사실이다.

- 위크맵 객체는 열거할 수 없으므로 크기를 알 수 없고 이터러블 규약을 따르지 않는다.

위크맵 객체는 WeakMap 생성자로 만든다.

```
let weakmap = new WeakMap();

(function(){
  let o = {n: 1};
  weakmap.set(o, "A");
})()

//키 'o'는 가비지 콜렉션 대상이다.
let s = {m: 1};

weakmap.set(s, "B");

console.log(weakmap.get(s));
console.log(...weakmap); //예외 발생

weakmap.delete(s);
weakmap.clear(); //이런 함수는 없으므로 예외 발생

let weakmap_1 = new WeakMap([[{}, 2], [{}, 5]]); //이 코드는 작동한다.

console.log(weakmap_1.size); //undefined
```

객체

__proto__ 프로퍼티는 ES6 표준으로 제정되었고 전역 Object 객체에 새로운 프로퍼티가 추가됐다.

__proto__ 프로퍼티

자바스크립트 객체는 프로토타입prototype, 즉 자신이 상속한 객체를 참조하기 위해 내부에 [[prototype]] 프로퍼티를 둔다. [[prototype]]는 직접 읽거나 수정

할 수 없는 이유로 이 값을 읽으려면 Object.getPrototypeOf() 메소드를 이용하고 동일한 [[prototype]]으로 새 객체를 생성하려면 Object.create() 메소드를 이용해야만 했다.

[[prototype]]는 다루기 까다로운 프로퍼티라서 일부 브라우저는 __proto__라는 특별한 프로퍼티를 객체에 두어 밖에서도 접근할 수 있게 했고 덕분에 한결 프로토타입을 다루기가 수월해졌다. 이렇게 ES5까지 정식 표준이 아니었던 __proto__ 프로퍼티는 워낙 많이 쓰이다 보니 드디어 ES6에서 표준이 되었다.

[[prototype]] 예제를 보자.

```
//ES5 이전
var x = {x: 12};
var y = Object.create(x, {y: {value: 13}});

console.log(y.x); //실행 결과 "12"
console.log(y.y); //실행 결과 "13"

//ES6 이후
let a = {a: 12, __proto__: {b: 13}};
console.log(a.a); //실행 결과 "12"
console.log(a.b); //실행 결과 "13"
```

Object.is(value1, value2) 메소드

Object.is() 메소드는 두 값의 동등 여부를 판단한다. === 연산자와 비슷하지만 다음 예제처럼 그렇지 않은 경우도 있다.

```
console.log(Object.is(0, -0));
console.log(0 === -0);
console.log(Object.is(NaN, 0/0));
console.log(NaN === 0/0);
console.log(Object.is(NaN, NaN));
console.log(NaN === NaN);
```

실행 결과는 다음과 같다.

```
false
true
true
false
true
false
```

Object.setPrototypeOf(object, prototype) 메소드

객체 [[prototype]] 프로퍼티 값을 할당하는 메소드다.

```
let x = {x: 12};
let y = {y: 13};

Object.setPrototypeOf(y, x)

console.log(y.x); //실행 결과 "12"
console.log(y.y); //실행 결과 "13"
```

Object.assign(targetObj, sourceObjs...) 메소드

Object.assign() 메소드는 하나, 또는 그 이상의 소스 객체에서 모든 열거 가능
한 자기 프로퍼티들을 타깃 객체로 복사하고 이 타깃 객체를 반환한다.

```
let x = {x: 12};
let y = {y: 13, __proto__: x};
let z = {z: 14, get b() {return 2;}, q: {}};

Object.defineProperty(z, "z", {enumerable: false});

let m = {};

Object.assign(m, y, z);

console.log(m.y);
console.log(m.z);
console.log(m.b);
console.log(m.x);
console.log(m.q == z.q);
```

실행 결과는 다음과 같다.

```
13
undefined
2
undefined
true
```

`Object.assign()` 사용 시 유의사항이다.

- 소스의 게터_{getter}, 타깃의 세터_{setter}를 호출한다.
- 소스 프로퍼티 값을 타깃 객체의 새로운, 또는 이미 존재하는 프로퍼티에 할당하는 기능이 전부다.
- 소스의 `[[prototype]]` 프로퍼티는 복사하지 않는다.
- 자바스크립트에서 프로퍼티명은 문자열 아니면 심볼인데 `Object.assign()`은 둘 다 복사한다.
- 소스의 프로퍼티 정의부는 복사되지 않으므로 필요 시 `Object.getOwnPropertyDescriptor()`, `Object.defineProperty()`를 대신 사용한다.
- `null` 또는 `undefined` 값인 키는 복사하지 않고 건너뛴다.

요약

이 장에서는 숫자, 문자열, 배열, 객체를 다루는 ES6의 새로운 기능을 살펴보았다. 수학 연산이 많은 애플리케이션에서 배열이 성능에 어떠한 영향을 끼치는지, 그리고 배열 버퍼가 어떻게 배열 자리를 대신하는지 알아봤다. 그리고 ES6의 새로운 콜렉션 객체를 이어서 학습했다.

다음 장에서는 심볼과 이터레이션 규약, 그리고 `yield` 키워드와 제너레이터에 대해서 공부한다.

3

이터레이터

ES6에는 새로운 이터레이션 객체 인터페이스, 루프가 도입됐고 덕분에 자바스크립트 알고리즘도 새로운 능력을 발휘할 기반이 마련되었다. 이 장은 먼저 심볼Symbol과 Symbol 객체의 다양한 프로퍼티를 알아보고 함수 호출이 중첩된 상태에서 실행 스택execution stack을 생성하는 원리와 성능/메모리 점유를 최적화하는 기법을 소개한다.

심볼은 이터레이터와 별개의 주제이지만 이터레이션 규약은 심볼을 이용하여 구현하므로 같은 장에서 다룬다.

다음은 이 장의 주제다.

- 심볼을 객체 프로퍼티 키로 사용
- 객체에 이터레이션 규약을 구현
- 제너레이터 객체의 생성과 활용
- for...of 루프로 순회
- 꼬리 호출 최적화

ES6 심볼

심볼은 ES6에서 처음 선보인, 완전히 새로운 원시 타입으로, 심볼값은 유일하며 변경할 수 없다. 다음은 심볼을 생성하는 코드다.

```
var s = Symbol();
```

심볼은 리터럴 형식이 없고 `Symbol()` 함수로 생성한다. 이 함수는 호출할 때마다 유일한 심볼을 반환한다.

심볼에 관한 서술description 문자열을 `Symbol()`에 선택 인자로 줄 수 있다. 심볼 자체에 접근하려는 의도는 아니고 단지 디버깅 용이다. 다시 말해, 다음 예제와 같이 서술이 동일해도 심볼까지 동등하진 않다.

```
let s1 = window.Symbol("내 심볼");
let s2 = window.Symbol("내 심볼");

console.log(s1 === s2); //실행 결과 "false"
```

심볼은 다른 어느 값과도 충돌하지 않는 일종의 문자열 값이다.

typeof 연산자

심볼에 typeof 연산을 하면 결과는 "symbol"이다.

```
var s = Symbol();
console.log(typeof s); //실행 결과 "symbol"
```

어떤 변수가 심볼인지 알려면 typeof 연산자가 유일한 방법이다.

new 연산자

`Symbol()`에 new 연산자는 못 쓴다. 이 함수는 자신이 생성자로 사용된 것을 감지하면 예외를 던진다.

```
try
{
  let s = new Symbol(); //"TypeError" 예외 발생
```

```
}
catch(e)
{
  console.log(e.message); //실행 결과 "Symbol is not a constructor"
}
```

그러나 자바스크립트 엔진은 내부적으로 객체의 심볼을 감싸기 위해 Symbol() 함
수를 생성자로 사용한다. 즉, "s"는 Object(s)와 같다.

 ES6부터는 규정 상 모든 원시 타입 생성자를 임의로 호출할 수 없다.

심볼을 프로퍼티 키로 사용

자바스크립트에서 객체의 프로퍼티 키는 보통 문자열 타입이었지만, ES6부터는
문자열과 심볼 둘 다 가능하다. 심볼을 객체 프로퍼티 키로 사용한 예제를 보자.

```
let obj = null;
let s1 = null;

(function(){
  let s2 = Symbol();
  s1 = s2;
  obj = {[s2]: "내 심볼"}
  console.log(obj[s2]);
  console.log(obj[s2] == obj[s1]);
})();

console.log(obj[s1]);
```

실행 결과는 다음과 같다.

```
내 심볼
true
내 심볼
```

심볼로 프로퍼티 키를 생성/조회할 때 []를 사용했다. 2장에서 []는 프로퍼티명
조합에 사용했는데, 심볼 프로퍼티 키에 접근할 때에도 이 기호를 쓴다. 예제에서

s1, s2는 모두 동일한 심볼값을 가리킨다.

 ES6 심볼이 등장한 가장 중요한 이유가 바로 객체 프로퍼티 키로 사용해서 예기치 않게
프로퍼티 키와 충돌하는 일을 방지하는 것이다.

Object.getOwnPropertySymbols() 메소드

`Object.getOwnPropertyNames()`로는 심볼 프로퍼티를 조회할 수 없기 때문에
객체의 심볼 프로퍼티를 배열로 가져오는 `Object.getOwnPropertySymbols()` 메
소드가 고안됐다.

```
let obj = {a: 12};
let s1 = Symbol("내 심볼");
let s2 = Symbol("내 심볼");

Object.defineProperty(obj, s1, {
  enumerable: false
});

obj[s2] = "";

console.log(Object.getOwnPropertySymbols(obj));
```

실행 결과는 다음과 같다.

```
Symbol(내 심볼),Symbol(내 심볼)
```

예제의 실행 결과에서 열거 불가한 심볼 프로퍼티 역시 `Object.`
`getOwnPropertySymbols()`로 조회할 수 있음을 알 수 있다.

 for...in 루프, Object.getOwnPropertyNames()로는 하위 호환성 보장 때문에 객체에서
심볼 프로퍼티를 찾을 수 없지만, in 연산자로는 가능하다.

Symbol.for(string) 메소드

Symbol 객체는 키/값 쌍의 레지스트리_{registry}를 갖고 있다(키는 심볼 서술, 값은 심볼이다). Symbol.for()로 심볼을 찍어낼 때마다 레지스트리에 추가되고 이 메소드는 심볼을 반환한다. 이미 존재하는 서술로 심볼을 생성하면 기존 심볼을 그대로 반환한다.

Symbol.for()는 항상 전역 범위의 심볼을 생성하므로 Symbol()보다 낫다.

```
let obj = {};

(function(){
  let s1 = Symbol("name");
  obj[s1] = "수지";
})();

//여기서 obj[s1]은 접근 불가

(function(){
  let s2 = Symbol.for("age");
  obj[s2] = 27;
})();

console.log(obj[Symbol.for("age")]); //실행 결과 "27"
```

상용 심볼

ES6에는 상용 심볼_{well-known symbol}이라는 내장 심볼 세트가 준비되어 있어서 꼭 직접 만들어 쓰지 않아도 된다. 그 중 많이 쓰는 심볼들은 다음과 같다.

- Symbol.iterator
- Symbol.match
- Symbol.search
- Symbol.replace
- Symbol.split

- Symbol.hasInstance

- Symbol.species

- Symbol.unscopables

- Symbol.isContcatSpreadable

- Symbol.toPrimitive

- Symbol.toStringTag

앞으로 이 책에서 이들이 다양하게 쓰이는 모습을 보게 될 것이다.

 상용 심볼은 보통 앞에 @@를 붙여 표기한다(예: Symbol.iterator → @@iterator). 이렇게 하면 상용 심볼을 구별하기가 훨씬 수월하다.

이터레이션 규약

이터레이션 규약은 루프, 생성자가 어떤 객체의 값들을 순회하기 위한 인터페이스 구현 규칙을 정리한 것이다.

ES6는 이터러블 규약iterable protocol과 이터레이터 규약iterator protocol, 두 가지로 나누어 규정한다.

이터레이터 규약

이터레이터는 이터레이터 규약을 따르는 객체로, 그 다음 요소를 반환하는 next() 메소드를 구현해야 한다.

```
let obj = {
  array: [1, 2, 3, 4, 5],
  nextIndex: 0,
  next: function(){
    return this.nextIndex < this.array.length ?
```

```
    {value: this.array[this.nextIndex++], done: false} :
    {done: true};
  }
};

console.log(obj.next().value);
console.log(obj.next().value);
console.log(obj.next().value);
console.log(obj.next().value);
console.log(obj.next().value);
console.log(obj.next().done);
```

실행 결과는 다음과 같다.

```
1
2
3
4
5
true
```

next()를 호출할 때마다 value와 done, 두 프로퍼티로 구성된 객체를 반환한다. 이들의 의미는 각각 다음과 같다.

- done: 이터레이터가 순회를 마치면 true를, 아니면 false를 반환한다.

- value: 콜렉션의 현재 요소 값으로, done이 true이면 생략한다.

이터러블 규약

이터러블은 이터러블 규약을 구현한 객체로, 반드시 @@iterator 메소드를 제공한다. 즉, Symbol.iterator 심볼을 프로퍼티 키로 갖고 있으며, @@iterator 메소드는 항상 이터레이터 객체를 반환한다.

```
let obj = {
  array: [1, 2, 3, 4, 5],
  nextIndex: 0,
  [Symbol.iterator]: function(){
    return {
```

```
        array: this.array,
        nextIndex: this.nextIndex,
        next: function(){
          return this.nextIndex < this.array.length ?
          {value: this.array[this.nextIndex++], done: false} :
          {done: true};
        }
      }
    }
};

let iterable = obj[Symbol.iterator]()

console.log(iterable.next().value);
console.log(iterable.next().value);
console.log(iterable.next().value);
console.log(iterable.next().value);
console.log(iterable.next().value);
console.log(iterable.next().done);
```

실행 결과는 다음과 같다.

```
1
2
3
4
5
true
```

제너레이터

제너레이터generator는 평범한 함수처럼 생겼지만, 하나의 값만 반환하는 게 아니라 한번에 하나씩 여러 값을 반환하는 함수다. 이 함수를 호출하면 즉시 바디를 실행하지 않고 제너레이터 객체(즉, 이터러블 + 이터레이터 프로토콜을 모두 구현한 객체)의 새 인스턴스를 반환한다.

제너레이터 객체는 제너레이터 함수의 새로운 실행 콘텍스트execution context를 갖고, next() 메소드를 실행하면 제너레이터 함수 바디를 죽 실행하다가 yield 키워드를 만나면 바로 중지하고 yield된 값을 반환한다. 그리고 다시 next() 메소드를 부르면 멈춘 지점부터 실행이 재개되고 그 다음 yield된 값을 낸다. 제너레이터 함수에 더 이상 yield할 값이 남아있지 않을 때 done 프로퍼티는 true가 된다.

제너레이터 함수는 function*으로 표기한다. 다음 예제를 보자.

```
function* generator_function()
{
  yield 1;
  yield 2;
  yield 3;
  yield 4;
  yield 5;
}

let generator = generator_function();

console.log(generator.next().value);
console.log(generator.next().value);
console.log(generator.next().value);
console.log(generator.next().value);
console.log(generator.next().value);
console.log(generator.next().done);

generator = generator_function();

let iterable = generator[Symbol.iterator]();

console.log(iterable.next().value);
console.log(iterable.next().value);
console.log(iterable.next().value);
console.log(iterable.next().value);
console.log(iterable.next().value);
console.log(iterable.next().done);
```

실행 결과는 다음과 같다.

```
1
2
3
4
5
true
1
2
3
4
5
true
```

제너레이터 함수는 이터러블 규약에 따라 yield 우측의 표현식에 해당하는 값을 반환한다. 표현식을 생략하면 반환값은 undefined다. 앞서 yield된 값이, 바로 이 표현식 값을 말한다.

next() 메소드는 선택 인자를 받아 제너레이터 함수가 멈춘 지점에서 yield 문의 반환값으로 지정할 수 있다.

```
function* generator_function()
{
  var a = yield 12;
  var b = yield a + 1;
  var c = yield b + 2;
  yield c + 3;
}

var generator = generator_function();

console.log(generator.next().value);
console.log(generator.next(5).value);
console.log(generator.next(11).value);
console.log(generator.next(78).value);
console.log(generator.next().done);
```

실행 결과는 다음과 같다.

```
12
6
13
81
true
```

return(value) 메소드

제너레이터 함수는 모든 값을 반환하기 전, 제너레이터 객체의 return() 메소드
에 마지막 반환값을 선택 인자로 넘겨 언제라도 도중 하차할 수 있다.

```
function* generator_function()
{
  yield 1;
  yield 2;
  yield 3;
}

var generator = generator_function();

console.log(generator.next().value);
console.log(generator.return(22).value);
console.log(generator.next().done);
```

실행 결과는 다음과 같다.

```
1
22
true
```

throw(exception) 메소드

제너레이터 함수 내에서 임의로 예외를 발생시키려면 제너레이터 객체의 throw()
메소드에 예외 객체를 지정한다.

```
function* generator_function()
{

  try
```

```
    {
      yield 1;
    }
    catch(e)
    {
      console.log("첫 번째 예외");
    }

    try
    {
      yield 2;
    }
    catch(e)
    {
      console.log("두 번째 예외");
    }
}

var generator = generator_function();

console.log(generator.next().value);
console.log(generator.throw("예외 문자열").value);
console.log(generator.throw("예외 문자열").done);
```

실행 결과는 다음과 같다.

```
1
첫 번째 예외
2
두 번째 예외
true
```

보다시피, 마지막으로 제너레이터 함수가 멈춘 지점에서 예외가 발생했다. 예외 처리가 끝난 후 throw()는 계속 실행돼서 그 다음 yield된 값을 반환한다.

yield* 키워드

제너레이터 함수 안에서 다른 이터러블 객체를 순회한 이후 그 값을 yield하려면 yield* 키워드에 해당 표현식을 지정한다.

```
function* generator_function_1()
{
  yield 2;
  yield 3;
}

function* generator_function_2()
{
  yield 1;
  yield* generator_function_1();
  yield* [4, 5];
}

var generator = generator_function_2();

console.log(generator.next().value);
console.log(generator.next().value);
console.log(generator.next().value);
console.log(generator.next().value);
console.log(generator.next().value);
console.log(generator.next().done);
```

실행 결과는 다음과 같다.

```
1
2
3
4
5
true
```

for...of 루프

이터러블 객체를 next()로 순회하는 건 사실 적잖이 불편하다. 그래서 ES6는 더 간편한 for...of 루프문을 제공한다.

for...of 루프는 이터러블 객체 값을 순회하는 구문이다.

```
function* generator_function()
{
  yield 1;
  yield 2;
  yield 3;
  yield 4;
  yield 5;
}

let arr = [1, 2, 3];

for(let value of generator_function())
{
  console.log(value);
}

for(let value of arr)
{
  console.log(value);
}
```

실행 결과는 다음과 같다.

```
1
2
3
4
5
1
2
3
```

꼬리 호출 최적화

어떤 함수를 호출하면 메모리에 실행 스택을 생성하여 함수의 변수를 저장한다.

함수 안에서 다른 함수를 호출해도 이렇게 실행 스택이 새로 생성되는데, 중첩된 내부 함수가 실행을 끝내고 자신을 호출한 함수를 재개하려면 그 주소를 어딘가

보관해야 하므로 역시 내부 함수의 실행 스택만큼 메모리를 더 점유한다는 게 문제다. 그렇다고 실행 스택을 교환switch하여 생성하면 CPU 시간이 소비된다. 중첩 수준이 몇 단계 정도면 별 문제 아니지만, 수백 단계에 이르게 되면 자바스크립트 엔진이 RangeError: Maximum call stack size exceeded 예외를 던지며 문제가 심각해진다. 여러분도 지금까지 재귀 함수를 돌리면서 한번쯤 이런 에러 메시지를 본 일이 있을 것이다.

꼬리 호출tail call은 무조건 함수 끝(꼬리)에서 return 문을 실행하도록 함수를 호출하는 기법이다. 똑같은 함수 호출이 꼬리에 꼬리를 물고 이어지는, 꼬리 재귀tail recursion라는 재귀의 특수한 형태다. 꼬리 호출을 하면 실행 스택을 새로 만들지 않고 기존 스택을 재사용할 수 있기 때문에 부가적인 CPU 연산과 메모리 점유가 실제로 발생하지 않는다. 꼬리 호출 최적화tail call optimization는 꼬리 호출로 실행 스택을 재활용하는 것이다.

ES6부터는 "use strict" 모드 실행하면 꼬리 호출 최적화를 자동으로 수행한다.

```
"use strict";

function _add(x, y)
{
  return x + y;
}

function add1(x, y)
{
  x = parseInt(x);
  y = parseInt(y);

  //꼬리 호출
  return _add(x, y);
}

function add2(x, y)
{
  x = parseInt(x);
  y = parseInt(y);
```

```
  //꼬리 호출 아님
  return 0 + _add(x, y);
}

console.log(add1(1, '1')); //2
console.log(add2(1, '2')); //3
```

_add1() 함수의 _add()는 add1() 함수의 마지막 실행 코드이므로 꼬리 호출이 맞지만, add2() 함수는 마지막 실행부에 _add()의 결괏값에 0을 더하는 연산이 있어서 꼬리 호출이 아니다.

_add1()의 _add()는 실행 스택을 새로 만들지 않고 add1() 함수의 실행 스택을 다시 사용한다. 즉, 꼬리 호출 최적화된 코드다.

꼬리 호출 아닌 코드를 꼬리 호출로 전환

가급적 꼬리 호출 아닌 코드는 꼬리 호출로 변경하여 최적화해야 한다.

이전 예제와 비슷하지만, 꼬리 호출 아닌 코드를 꼬리 호출로 전환하는 예제를 보자.

```
"use strict";

function _add(x, y)
{
  return x + y;
}

function add(x, y)
{
  x = parseInt(x);
  y = parseInt(y);

  var result = _add(x, y);
  return result;
}

console.log(add(1, '1'));
```

여기서 _add()는 꼬리 호출이 아니므로 스택이 2개 쌓인다. 다음과 같이 간단히 꼬리 호출로 바꿀 수 있다.

```
function add(x, y)
{
  x = parseInt(x);
  y = parseInt(y);

  return _add(x, y);
}
```

변수 result를 쓰지 말고 return 문으로 함수 호출을 즉시 반환한다. 꼬리 호출 전환 기법은 이밖에도 상당히 여러 가지다.

요약

이 장에서는 심볼을 이용하여 객체 프로퍼티 키를 생성하는 방법을 배웠다. 이터레이터/이터러블 규약이 무엇이고 이들을 일반 사용자 객체에서 활용하는 모습과, for...of 루프로 이터러블 객체를 순회하는 것을 살펴보았다. 끝으로, ES6의 꼬리 호출 최적화에 대해 공부했다.

다음 장에서는 프라미스가 무엇인지, 더 좋은 비동기 코드를 작성하기 위해 프라미스를 어떻게 활용해야 할지 알아본다.

4

비동기 프로그래밍

ES6는 널리 잘 알려진 프로그래밍 패턴을 자체 지원한다. 프라미스Promise 패턴도 그 중 하나로, 비동기 코드를 읽고 쓰기 쉽게 해준다. 이 장에서는 ES6 프라미스 API로 비동기 코드를 작성하는 방법을 알아본다. 이제는 새 자바스크립트와 HTML5 비동기 API가 프라미스와 어우러져 보다 간결한 코딩이 가능하다. 뒷부분에서는 웹 암호화 API, 배터리 상태 API 등 프라미스를 활용한 API를 예시한다.

다음은 이 장의 주제다.

- 자바스크립트 실행 모델
- 비동기 코드 작성이 까다로운 점
- 프라미스 생성과 작동 원리
- 비동기 코드 작성 시 프라미스의 유용성
- 상이한 프라미스 상태
- 프라미스 객체의 다양한 메소드
- 프라미스를 사용하는 다양한 자바스크립트 및 HTML5 API

자바스크립트 실행 모델

자바스크립트 코드는 싱글 스레드single thread로 작동한다. 다시 말해, 스크립트 2개를 동시에 실행하는 건 불가능하다. 브라우저에 접속한 각 웹사이트는 스레드 하나를 메인 스레드로 잡은 채 웹 소스 파일을 내려받고 파싱, 실행한다.

메인 스레드엔 한번에 하나씩 비동기 작업을 실행하기 위해 큐를 둔다. 이벤트 처리기, 콜백 등 어떤 유형의 작업이라도 큐에 쌓을 수 있다. AJAX 요청/응답, 이벤트 발생, 타이머 등록 등이 일어나면 큐에 새 작업을 추가한다. 실행 시간이 오래 걸리는 작업이 섞이면 큐의 다른 작업들과 메인 스크립트를 멈추게 할 수도 있다. 메인 스레드는 가능할 때면 언제나 큐에 줄 선 작업들을 하나씩 꺼내어 실행한다.

 HTML5는 메인 스레드와 병렬로 실행되는, 웹 워커(web worker)라는 실제 스레드를 도입했다. 웹 워커의 실행이 끝나거나 메인 스레드에 알림이 필요할 때 새 이벤트를 그냥 큐에 넣는다.

자바스크립트 코드를 비동기적으로 실행할 수 있는 건 바로 이 큐 덕분이다.

비동기 코드 작성

ES5는 이벤트와 콜백이라는, 두 가지 비동기 코드 작성 패턴을 지원한다. 보통 비동기 작업을 시작하고 이벤트 처리기를 등록하거나, 콜백을 전달해서 작업이 끝난 후 실행되도록 코딩한다.

비동기 API 설계 방식에 따라 이벤트 처리기, 또는 콜백을 사용한다. 이벤트 패턴 API는 콜백 패턴 API를 생성하기 위해 사용자 코드로 감쌀 수 있고 그 반대도 마찬가지다. 이를테면, AJAX는 이벤트 패턴을 염두에 두고 설계됐으나 제이쿼리jQuery AJAX는 이를 콜백 패턴으로 표출한다.

이벤트/콜백 예제를 보면서 어떤 면에서 비동기 코드 작성이 어려운지 생각해보기 바란다.

이벤트를 포함한 비동기 코드

이벤트를 포함한 비동기 자바스크립트 API는 처리 후 성공/실패에 따른 처리기를 각각 등록한다.

예를 들어 AJAX 요청은 결과의 성공 여부에 따라 분기하여 실행할 이벤트 처리기를 등록한다. AJAX 요청 후 조회한 정보를 로깅하는 예제를 보자.

```
function displayName(json)
{
  try
  {
    //보통 DOM을 이용해서 화면에 표시한다.
    console.log(json.Name);
  }
  catch(e)
  {
    console.log("예외: " + e.message);
  }
}
function displayProfession(json)
{
  try
  {
    console.log(json.Profession);
  }
  catch(e)
  {
    console.log("예외: " + e.message);
  }
}

function displayAge(json)
{
  try
  {
    console.log(json.Age);
  }
  catch(e)
  {
```

```javascript
      console.log("예외: " + e.message);
    }
  }

  function displayData(data)
  {
    try
    {
      var json = JSON.parse(data);

      displayName(json);
      displayProfession(json);
      displayAge(json);
    }
    catch(e)
    {
      console.log("예외: " + e.message);
    }
  }

  var request = new XMLHttpRequest();
  var url = "data.json";

  request.open("GET", url);
  request.addEventListener("load", function(){
    if(request.status === 200)
    {
      displayData(request.responseText);
    }
    else
    {
      console.log("서버 에러: " + request.status);
    }
  }, false);

  request.addEventListener("error", function(){
    console.log("AJAX 요청 실패");
  }, false);

  request.send();
```

다음은 data.json 파일의 내용이다.

```json
{
"Name": "수지",
"Profession": "연예인",
"Age": "25"
}
```

XMLHttpRequest 객체의 send() 메소드는 비동기 실행되며 data.json 파일을 읽어들인 후 성공하면 load, 실패하면 error 이벤트 처리기를 각각 호출한다.

이와 같은 AJAX 작동 방식에 이렇다 할 문제는 없지만 이벤트가 개입된 코드를 작성하는 방법이 골치 아프다. 어떤 문제점들이 있는지 정리한다.

- 비동기 실행 코드 블록마다 일일이 이벤트 처리기를 붙여야 한다. try...catch 문 하나로 전체 코드를 감싸지 못하니 예외를 골라내기가 매우 어렵다.

- 중첩된 함수 호출 탓에 코드를 따라가기 어렵고 읽기 힘들다.

- 프로그램의 다른 부분에서 특정 비동기 작업이 완료됐는지, 중단됐는지, 아니면 아직 실행 중인지 알려면 해당하는 사용자 변수를 어딘가엔 두어야 한다. 사실 상 비동기 작업의 상태를 파악하기가 쉽지 않다.

AJAX, 혹은 다른 비동기 작업을 여러 다발 중첩시키면 코드는 더 더욱 읽고 분석하기 힘들어진다. 어떤 데이터를 화면에 표시 후 정확한지 여부를 사용자에게 묻고 그 결과를 서버에 다시 진송하는 다음 프로그램이 그런 경우다.

```javascript
function verify()
{
  try
  {
    var result = confirm("데이디가 정확한가요?");
    if (result == true)
    {
      //AJAX 요청으로 데이터를 서버로 전송
    }
    else
    {
```

```
      //AJAX 요청으로 데이터를 서버로 전송
    }
  }
  catch(e)
  {
    console.log("예외 발생: " + e.message);
  }
}

function displayData(data)
{
  try
  {
    var json = JSON.parse(data);

    displayName(json);
    displayProfession(json);
    displayAge(json);

    verify();
  }
  catch(e)
  {
    console.log("예외 발생: " + e.message);
  }
}
```

콜백을 포함한 비동기 코드

콜백을 이용한 비동기 자바스크립트 API는 성공/에러 콜백을 모두 넘기고 성공 여
부에 따라 어느 한쪽을 호출한다.

이를테면, 제이쿼리로 AJAX 요청을 할 때는 성공과 실패, 각 경우에 해당하는 콜백
도 같이 넘긴다. 제이쿼리로 AJAX 요청 후 조회한 정보를 로깅하는 예제를 보자.

```
function displayName(json)
{
  try
  {
```

```javascript
      console.log(json.Name);
    }
  catch(e)
  {
      console.log("예외 발생: " + e.message);
    }
}

function displayProfession(json)
{
  try
  {
      console.log(json.Profession);
    }
  catch(e)
  {
      console.log("예외 발생: " + e.message);
    }
}

function displayAge(json)
{
  try
  {
      console.log(json.Age);
    }
  catch(e)
  {
      console.log("예외 발생: " + e.message);
    }
}

function displayData(data)
{
  try
  {
      var json = JSON.parse(data);

      displayName(json);
      displayProfession(json);
```

```
    displayAge(json);
  }
  catch(e)
  {
    console.log("예외 발생: " + e.message);
  }
}

$.ajax({url: "data.json", success: function(result, status,
responseObject){
  displayData(responseObject.responseText);
}, error: function(xhr,status,error){
  console.log("AJAX 요청을 할 수 없습니다. 에러 내용은 " + error);
}});
```

제이쿼리 AJAX 자체는 문젯거리가 없지만 콜백이 있는 코드는 다음 문제들이 있다.

- try/catch 문을 여러 개 써야 하므로 예외를 잡아내기 어렵다.

- 중첩된 함수 호출을 따라가야 하므로 가독성이 현저히 떨어진다.

- 비동기 작업 상태를 유지하기 어렵다. 제이쿼리 AJAX, 또는 다른 비동기 작업
  이 여러 개 중첩되면 문제는 더욱 복잡해진다.

구원자, 프라미스

이제 ES6와 한몸이 된 프라미스 패턴은 전혀 새로운 비동기 코드 작성 패턴이다.

프라미스 패턴은 이벤트/콜백 패턴의 골칫거리를 한번에 해소하고 비동기 코드를
마치 동기 코드처럼 표현한다.

프라미스(프라미스 객체)는 비동기 작업을 나타낸다. 과거 비동기 자바스크립트 API
는 대개 프라미스로 감싼 형태였지만 새 API는 순수 프라미스를 구현한 것이다.

프라미스가 자바스크립트에 내장된 건 처음이지만, C# 5, C++ 11, 스위프트Swift,
스칼라Scala 등 다른 프로그래밍 언어에서는 이미 예전부터 지원해왔다.

프라미스 생성자

프라미스 생성자는 프라미스 인스턴스를 만든다.

이 때 비동기 작업에 해당하는 실행자executor라는 콜백을 넘긴다. 실행자는 귀결resolve 콜백과 버림reject 콜백, 두 파라미터를 가지며, 작업이 성공하면 귀결 콜백이, 실패하면 버림 콜백이 실행된다. 성공하면 귀결 콜백에 결괏값을, 실패하면 버림 콜백에 실패 사유를 각각 전달한다.

프라미스는 어떻게 생성하는지, 프라미스로 AJAX 요청을 어떻게 감싸는지 살펴보자.

```
var promise = new Promise(function(resolve, reject){

  var request = new XMLHttpRequest();
  var url = "data.json";

  request.open("GET", url);

  request.addEventListener("load", function(){
    if(request.status === 200)
    {
      resolve(request.responseText);
    }
    else
    {
      reject("서버 에러: " + request.status);
    }
  }, false);

  request.addEventListener("error", function(){
    reject("AJAX 요청 실패");
  }, false);

  request.send();

});
```

실행자 자체는 동기적으로 실행되지만, 비동기 작업을 실행하므로 비동기 작업이 끝나기 전에 반환할 수도 있다.

프라미스는 다음 네 가지 상태값을 가진다.

- **이룸**Fulfilled: 귀결 콜백이 프라미스 아닌 객체를 인자로, 또는 인자 없이 실행될 때 프라미스는 이룸(이루어진) 상태다.

- **버림**Rejected: 실행자 스코프에서 예외가 발생하거나 버림 콜백이 실행될 경우 프라미스는 버림(버려진) 상태다.

- **미결**Pending: 귀결/버림 콜백 실행 전 프라미스는 미결 상태다.

- **확정**settled: 미결 상태가 아닌, 이룸/버림 중 한 쪽에 도달한 확정 상태다.

프라미스는 일단 이룸/버림 상태에 이르면 두 번 다시 돌아가지 않는다. 상태를 바꾸어도 소용없다.

 프라미스 객체를 인자로 받은 상태에서 귀결 콜백이 실행되면 이 인자 객체 상태가 이룸 인지, 버림인지에 따라 전체 프라미스의 이룸/버림이 확정된다.

이룸값

이룸값은 비동기 작업 성공 시 귀결되는 이룸 프라미스의 값이다.

귀결 콜백의 인자가 다른 프라미스 객체가 아니라면, 이 인자를 프라미스 객체의 이룸값으로 간주한다.

귀결 콜백 인자가 없으면 이룸값은 undefined, 프라미스 상태는 이룸이다.

프라미스 객체를 귀결 콜백의 인자로 넘기면? 이를테면 프라미스 A에 또 다른 프라미스 B를 인자로 넘긴 상태에서 A의 귀결 콜백을 호출하면 어떻게 될까? B가 이룸 프라미스면 A도 마찬가지라고 할 수 있고 A, B 둘 다 이룸값은 동일하다.

```
var A = new Promise(function(resolve, reject){
  var B = new Promise(function(res, rej){
    rej("사유");
  });

  resolve(B);
});

var C = new Promise(function(resolve, reject){
  var D = new Promise(function(res, rej){
    res("결과");
  });

  resolve(D);
});
```

여기서 B는 버림 프라미스라 A 또한 버려지고 둘을 모두 버리는 이유를 문자열 "사유"에 담는다. 마찬가지로, D는 이룸 프라미스라 C도 이룸 프라미스이고 C, D 의 이룸값은 문자열 "결과"다.

 "프라미스가 어떤 값으로 귀결", "어떤 값으로 귀결된 프라미스" 같은 말은 프라미스 실행 자가 실행되거나 resolve 콜백을 주어진 값으로 호출한다는 뜻이다.

then(onFulfilled, onRejected) 메소드

프라미스 객체의 then() 메소드에는 이룸/버림 처리 이후 수행할 작업을 넣는다. 이 작업은 또 다른 이벤트/콜백 기반의 비동기 작업이 올 수 있다.

then()은 onFulfilled, onRejected, 2개의 인자를 받는다. onFulfilled 콜백은 프 라미스 이루어질 경우, onRejected 콜백은 프라미스 버려질 경우 각각 실행된다.

onRejected는 실행자 스코프 내에서 예외가 발생해도 실행되므로 마치 예외 처 리기처럼 작동한다.

onFulfilled는 프라미스의 이룸값, onRejected는 버림 사유를 각각 파라미터로 받는다.

then()에 전한 콜백은 비동기 실행된다.

```
var promise = new Promise(function(resolve, reject){
  var request = new XMLHttpRequest();
  var url = "data.json";
  request.open("GET", url);
  request.addEventListener("load", function(){
    if(request.status === 200)
    {
      resolve(request.responseText);
    }
    else
    {
      reject("서버 에러: " + request.status);
    }
  }, false);
  request.addEventListener("error", function(){
    reject("AJAX 요청 실패");
  }, false);

  request.send();
});

promise.then(function(value){
  value = JSON.parse(value);
  return value;
}, function(reason){
  console.log(reason);
});
```

AJAX 요청이 성공하면(즉, 프라미스가 이루어지면) 응답 텍스트를 인자로 onFulfilled 콜백을 실행하여 JSON 문자열을 자바스크립트 객체로 변환 후 반환한다.

프로그래머들은 대부분 프라미스 객체 변수를 빼고 다음과 같이 작성한다.

```
function ajax()
{
  return new Promise(function(resolve, reject){
    var request = new XMLHttpRequest();
    var url = "data.json";

    request.open("GET", url);
    request.addEventListener("load", function(){
      if(request.status === 200)
      {
        resolve(request.responseText);
      }
      else
      {
        reject("서버 에러: " + request.status);
      }
    }, false);
    request.addEventListener("error", function(){
      reject("AJAX 요청 실패");
    }, false);

    request.send();
  });
}

ajax().then(function(value){
  value = JSON.parse(value);
  return value;
}, function(reason){
  console.log(reason);
});
```

코드가 한결 읽기 쉬워졌다. 새로 구현된 자바스크립트 API는 모두 이런 패턴으로 프라미스를 사용한다.

then() 메소드는 항상 프라미스 객체를 새로 만들어 반환하고 이 객체는 콜백을 호출한 반환값으로 귀결된다. 다음은 then()이 새 프라미스 객체를 반환하는 경우다.

- onFulfilled 콜백이 호출되고 내부에 return 문이 없으면, 내부적으로 새 이름 프라미스를 생성 후 반환한다.
- onFulfilled 콜백이 임의의 프라미스를 반환하면, 내부적으로 이 프라미스로 귀결된 새 프라미스 객체를 생성하여 반환한다.
- onFulfilled 콜백이 프라미스 아닌 다른 것을 반환해도 내부적으로 이 반환값으로 귀결된 새 프라미스 객체를 만들어 반환한다.
- onFulfilled 대신 null을 넘기면 콜백을 내부적으로 생성하여 null로 대체한다. 내부에서 만들어진 onFulfilled는 부모 프라미스의 이룸값으로 귀결된 새 이름 프라미스 객체를 반환한다.
- onRejected 콜백이 호출되고 내부에 return 문이 없으면, 내부적으로 새 이름 프라미스를 생성 후 반환한다.
- onRejected 콜백이 임의의 프라미스를 반환하면, 내부적으로 이 프라미스로 귀결된 새 프라미스 객체를 생성하여 반환한다.
- onRejected 콜백이 프라미스 아닌 다른 것을 반환해도 내부적으로 이 반환값으로 귀결된 새 프라미스 객체를 만들어 반환한다.
- onRejected 대신 null을 넘기거나 생략하면 콜백을 내부적으로 생성하여 null로 대체한다. 내부에서 만들어진 onRejected는 부모 프라미스와 버림 사유와 동일한 새 버림 프라미스 객체를 반환한다.

예제에서 조회한 데이터를 콘솔에 표시하려면 프라미스를 체이닝chaining하면 된다. 그리고 onFulfilled 콜백에서도 예외가 발생할지 모를 일이니 데이터를 로깅하고 가능한 모든 예외를 처리하도록 코드를 확장하자.

```
function ajax()
{
  return new Promise(function(resolve, reject){
    var request = new XMLHttpRequest();
    var url = "data.json";
    request.open("GET", url);
    request.addEventListener("load", function(){
```

```
        if(request.status === 200)
        {
          resolve(request.responseText);
        }
        else
        {
          reject("서버 에러: " + request.status);
        }
    }, false);
    request.addEventListener("error", function(){
      reject("AJAX 요청 실패");
    }, false);

    request.send();
  });
}

ajax().then(function(value){
  value = JSON.parse(value);
  return value;
}).then(function(value){
  console.log(value.Name);
  return value;
}).then(function(value){
  console.log(value.Profession);
  return value;
}).then(function(value){
  console.log(value.Age);
  return value;
}).then(null, function(reason){
  console.log(reason);
});
```

다수의 프라미스를 then()으로 체이닝하고 전체 프라미스 체인 중 최초 프라미스의 실행자가 받은 AJAX 응답을 파싱/로깅한다. then() 메소드는 모든 onFulfilled 메소드와 실행자의 예외/오류 처리기 역할을 담당한다.

체인으로 연결된 여러 프라미스의 실행 흐름을 도식화하면 다음 그림과 같다.

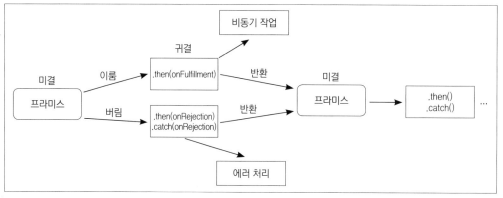

자, 이번에는 표시된 데이터가 정확한지를 확인하는 이벤트 기반의 비동기 작업을
추가하자.

```
function ajax()
{
  return new Promise(function(resolve, reject){
    var request = new XMLHttpRequest();
    var url = "http://localhost:8888/data.json";
    request.open("GET", url);
    request.addEventListener("load", function(){
      if(request.status === 200)
      {
        resolve(request.responseText);
      }
      else
      {
        reject("서버 에러: " + request.status);
      }
    }, false);
    request.addEventListener("error", function(){
      reject("AJAX 요청 실패");
    }, false);

    request.send();
  });
```

```
}

function verify(value)
{
  return new Promise(function(resolve, reject){
    if(value == true)
    {
      //AJAX 요청하여 서버에 데이터를 전송한다.
    }
    else
    {
      //AJAX 요청하여 서버에 데이터를 전송한다.
    }
  });
}

ajax().then(function(value){
  value = JSON.parse(value);
  return value;
}).then(function(value){
  console.log(value.Name);
  return value;
}).then(function(value){
  console.log(value.Profession);
  return value;
}).then(function(value){
  console.log(value.Age);
  return value;
}).then(function(value){
  var result = confirm("데이터가 정확한가요?");
  return result;
}).then(verify).then(null, function(reason){
  console.log(reason);
});
```

AJAX 로직을 프라미스로 감싸고 나니 코드를 읽고 쓰기가 훨씬 수월해졌다. 코드
가 한눈에 들어온다.

catch(onRejected) 메소드

then() 메소드로 다른 기능 없이 에러/예외만 처리하고자 할 때는 catch() 메소드를 쓴다. "catch(잡다)"라는 의미가 있어 코드 가독성이 향상된다.

이 메소드는 onRejected 콜백을 인자로 받아 onRejected와 같은 방식으로 호출한다.

catch()는 언제나 새 프라미스를 반환하며, 다음 몇 가지 경우의 수가 있다.

- onRejected 콜백 내부에 return 문이 없으면, 내부적으로 이룸 프라미스를 생성 후 반환한다.

- onRejected 콜백이 호출 후 임의의 프라미스를 반환하면, 내부적으로 이 임의의 프라미스로 귀결된 새 프라미스 객체를 생성하여 반환한다.

- onRejected 콜백이 프라미스 아닌 다른 것을 반환해도 내부적으로 이 반환값으로 귀결된 새 프라미스 객체를 만들어 반환한다.

- onRejected 대신 null을 넘기거나 생략하면 콜백을 내부적으로 생성하여 null로 대체한다. 내부에서 만들어진 onRejected는 부모 프라미스와 버림 사유와 동일한 새 버림 프라미스 객체를 반환한다.

- catch()를 호출한 프라미스 객체가 이루어지면 이 메소드는 부모 프라미스와 이룸값을 가진 새 이룸 프라미스 객체를 반환하고 onRejected 콜백은 무시한다.

다음 예제를 보자.

```
promise.then(null, function(reason){
});
```

catch()로 바꾸면 이렇다.

```
promise.catch(function(reason){
});
```

두 코드 모두 로직은 같다.

AJAX 코드 예제에서 제일 마지막에 연결된 then()을 catch()로 바꿔보자.

```javascript
function ajax()
{
  return new Promise(function(resolve, reject){
    var request = new XMLHttpRequest();
    var url = "data.json";
    request.open("GET", url);
    request.addEventListener("load", function(){
      if(request.status === 200)
      {
        resolve(request.responseText);
      }
      else
      {
        reject("서버 에러: " + request.status);
      }
    }, false);
    request.addEventListener("error", function(){
      reject("AJAX 요청 실패");
    }, false);

    request.send();
  });
}

function verify(value)
{
  return new Promise(function(resolve, reject){
    if(value == true)
    {
      //AJAX 요청하여 서버에 데이터를 전송한다.
    }
    else
    {
      //AJAX 요청하여 서버에 데이터를 전송한다.
    }
  });
}

ajax().then(function(value){
  value = JSON.parse(value);
```

```
      return value;
}).then(function(value){
    console.log(value.Name);
    return value;
}).then(function(value){
    console.log(value.Profession);
    return value;
}).then(function(value){
    console.log(value.Age);
    return value;
}).then(function(value){
    var result = confirm("데이터가 정확한가요?");
    return result;
}).then(verify)
    .catch(function(reason){
    console.log(reason);
});
```

코드 가독성이 한결 좋아졌다.

Promise.resolve(value) 메소드

resolve()는 주어진 값으로 귀결된 프라미스 객체를 반환하는 메소드다.

이 메소드의 기본 기능은 임의의 값을 프라미스 객체로 변환하는 것이다. 프라미스인지 아닌지 확실치 않은 값을 프라미스로 바꾸어 사용하고자 할 때 유용하다. 예컨대, 인터페이스가 상이한 제이쿼리 프라미스를 ES6 프라미스로 변환할 때 resolve()를 이용한다.

```
var p1 = Promise.resolve(4);
p1.then(function(value){
    console.log(value);
});

//프라미스 객체를 전달
Promise.resolve(p1).then(function(value){
    console.log(value);
});
```

```
Promise.resolve({name: "수지"}).then(function(value){
  console.log(value.name);
});
```

실행 결과는 다음과 같다.

```
4
4
수지
```

Promise.reject(value) 메소드

reject()는 주어진 값이 실패 사유인 프라미스 객체를 반환하는 메소드다.

Promise.resolve()와 달리 reject()는 프라미스 변환이 아닌, 디버깅 용도로만 쓴다.

```
var p1 = Promise.reject(4);
p1.then(null, function(value){
  console.log(value);
});

Promise.reject({name: "수지"}).then(null, function(value){
  console.log(value.name);
});
```

실행 결과는 다음과 같다.

```
4
수지
```

Promise.all(iterable) 메소드

all()은 주어진 이터러블 객체의 프라미스가 모두 이루어질 때 새 이룸 프라미스를 반환하는 메소드다.

어떤 비동기 작업들을 다 끝내고 나서 다음 작업으로 넘어갈 때 유용하다.

```
var p1 = new Promise(function(resolve, reject){
  setTimeout(function(){
    resolve();
  }, 1000);
});

var p2 = new Promise(function(resolve, reject){
  setTimeout(function(){
    resolve();
  }, 2000);
});

var arr = [p1, p2];

Promise.all(arr).then(function(){
  console.log("Done"); //2초 후 콘솔창에 "Done"이 표시된다.
});
```

이터러블 객체에 프라미스 아닌 객체가 있으면 Promise.resolve()를 이용하여
프라미스로 변환한다.

프라미스 중 하나라도 버려지면 Promise.all() 메소드는 즉시 해당 실패 사유를
지닌 새 버림 프라미스를 반환한다.

```
var p1 = new Promise(function(resolve, reject){
  setTimeout(function(){
    reject("에러");
  }, 1000);
});

var p2 = new Promise(function(resolve, reject){
  setTimeout(function(){
    resolve();
  }, 2000);
});

var arr = [p1, p2];

Promise.all(arr).then(null, function(reason){
  console.log(reason); //1초 후 콘솔창에 "Error"가 표시된다.
});
```

Promise.race(iterable) 메소드

race()는 주어진 이터러블 객체의 프라미스 중 어느 하나라도 이루어질 때 해당 이룸값을 지닌 새 이룸 프라미스를 반환하는 메소드다.

메소드명에서 연상되는 것처럼 프라미스들끼리 경쟁을 붙여 우승자를 뽑는 것이다.

```
var p1 = new Promise(function(resolve, reject){
  setTimeout(function(){
    resolve("이룸값 1");
  }, 1000);
});

var p2 = new Promise(function(resolve, reject){
  setTimeout(function(){
    resolve("이룸값 2");
  }, 2000);
});

var arr = [p1, p2];

Promise.race(arr).then(function(value){
  console.log(value); //실행 결과 "이룸값 1"
}, function(reason){
  console.log(reason);
});
```

프라미스 기반의 자바스크립트 API

요즘 나온 비동기 자바스크립트 API는 이벤트/콜백이 아닌, 프라미스 패턴에 기반을 둔다. 오래된 자바스크립트 API도 새 버전에서는 프라미스 기반이다.

배터리 상태 API, 웹 암호화 API도 과거 이벤트 기반이었지만, 업데이트된 버전은 순수하게 프라미스를 이용하여 구현했다. 간단히 살펴보자.

배터리 상태 API

배터리 상태 API는 현재 배터리 충전 상태를 표시한다. 다음 코드를 보자.

```
navigator.getBattery().then(function(value){
  console.log("배터리 상태: " + (value.level * 100));
}, function(reason){
  console.log("에러: " + reason);
});
```

navigator 객체의 getBattery() 메소드는 배터리 상태 데이터 조회 성공 시 이룸 프라미스를, 실패 시 버림 프라미스를 반환한다.

이룸 프라미스의 반환값은 배터리 정보를 담고 있는 객체로, level 프로퍼티는 남아있는 배터리량을 가리킨다.

웹 암호화 API

웹 암호화 API는 해싱hashing, 서명 생성/검증, 암호화/복호화 기능을 제공한다.

다음 예제를 보자.

```
function convertStringToArrayBufferView(str)
{
  var bytes = new Uint8Array(str.length);
  for (var iii = 0; iii < str.length; iii++)
  {
    bytes[iii] = str.charCodeAt(iii);
  }

  return bytes;
}

function convertArrayBufferToHexaDecimal(buffer)
{
  var data_view = new DataView(buffer)
  var iii, len, hex = '', c;

  for(iii = 0, len = data_view.byteLength; iii < len; iii++)
  {
```

```
    c = data_view.getUint8(iii).toString(16);
    if(c.length < 2)
    {
      c = '0' + c;
    }

    hex += c;
  }

  return hex;
}

window.crypto.subtle.digest({name: "SHA-256"}, convertStringToArrayBuf
ferView("ECMAScript 6")).then(function(result){
  var hash_value = convertArrayBufferToHexaDecimal(result);
  console.log(hash_value);
});
```

주어진 문자열의 SHA-256 해시값을 찾는 코드다.

`window.crypto.subtle.digest` 메소드는 문자열의 배열 버퍼를 받아 알고리즘 명칭을 해시한 다음 프라미스 객체를 반환한다. 해시값이 성공적으로 생성되면 이 값을 나타내는 배열 버퍼가 이룸값인 이룸 프라미스를 반환한다.

요약

이 장에서는 자바스크립트로 비동기 코드를 실행하는 방법과 색다른 패턴으로 작성하는 법을 배웠다. 프라미스를 이용하면 비동기 코드를 읽고 쓰기가 쉬워진다는 사실을 알았고 ES6 프라미스 API의 사용법을 살펴보았다.

다음 장은 ES6 리플렉트 API와 구현 방법을 다룬다.

5 리플렉트 API 구현

ES6는 객체 리플렉션object reflection(객체 프로퍼티를 들여다보고 조작하는 일)이 가능한 새 리플렉트Reflect API를 도입했다. ES5 시절에도 객체 리플렉션 API가 있었지만, 체계가 없는데다 실패하면 예외가 발생했다. ES6 리플렉트 API는 잘 정돈되어 있어 코드를 읽고 쓰기가 쉽고, 실패하더라도 예외가 아닌, 작업의 성공 여부를 표시하는 불리언 값을 반환한다.

다음은 이 장의 주제다.

- 주어진 this 값으로 함수 호출
- 다른 생성자의 prototype 프로퍼티로 생성자 호출
- 객체 프로퍼티의 속성 정의 및 변경
- 이터레이터 객체로 객체 프로퍼티를 열거
- 객체의 내부 [[prototype]] 프로퍼티를 조회, 설정
- 객체 프로퍼티/메소드를 확인하고 조작

Reflect 객체

ES6 전역 Reflect 객체에는 객체 리플렉션에 관한 모든 메소드가 있다. Reflect는 함수 객체가 아니므로 호출할 수 없고 new 연산자를 붙여 사용할 수도 없다.

ES6 리플렉트 API 메소드는 모두 Reflect 객체가 감싸고 있고 잘 정돈된 모습이다.

Reflect 객체의 메소드는 상당수 기능 면에서 전역 Object 객체의 메소드와 중복된다.

객체 리플렉션을 하기 위한 Reflect 객체의 다양한 메소드를 하나씩 살펴보자.

Reflect.apply(function, this, args) 메소드

Reflect.apply()는 주어진 this 값으로 타깃 함수target function를 호출하는 메소드로, Function.prototype.apply() 메소드와 같다.

다음 3개의 인자를 받는다.

- 첫 번째 인자는 타깃 함수다.
- 두 번째 선택 인자는 타깃 함수 내부의 this 값이다.
- 세 번째 선택 인자는 타깃 함수의 인자를 지정한 배열 객체다.

Reflect.apply()는 타깃 함수의 반환값을 그대로 반환한다.

```
function function_name(a, b, c)
{
  return this.value + a + b + c;
}

var returned_value = Reflect.apply(function_name, {value: 100}, [10, 20,
30]);

console.log(returned_value); //실행 결과 "160"
```

Reflect.construct(constructor, args, prototype) 메소드

Reflect.construct()는 함수를 생성자로 실행하는 메소드로, new 연산자와 비슷하다. 생성자로 실행된 함수를 타깃 함수라고 한다.

굳이 new 대신 Reflect.construct()를 써야 하는 이유는, 경우에 따라 한 생성자의 prototype과 다른 생성자의 prototype을 매치시켜야 하기 때문이다.

다음 3개의 인자를 받는다.

- 첫 번째 인자는 타깃 생성자다.
- 두 번째 선택 인자는 타깃 생성자의 인자에 해당하는 배열이다.
- 세 번째 선택 인자는 타깃 생성자의 prototype으로 사용할 생성자다.

Reflect.construct()는 타깃 생성자가 만든 새 인스턴스를 반환한다.

```
function constructor1(a, b)
{
  this.a = a;
  this.b = b;

  this.f = function(){
    return this.a + this.b + this.c;
  }
}

function constructor2(){}
constructor2.prototype.c = 100;

var myObject = Reflect.construct(constructor1, [1,2], constructor2);

console.log(myObject.f()); //실행 결과 "103"
```

constructor1을 실행 중 constructor2의 prototype을 constructor1의 prototype으로 사용했다.

Reflect.defineProperty(object, property, descriptor) 메소드

Reflect.defineProperty()는 객체에 새 프로퍼티를 정의하거나 기존 프로퍼티를 수정하는 메소드다. 작업이 끝나면 성공 여부를 불리언 값으로 반환한다.

이 메소드는 반환값을 제외하고 Object.defineProperty()와 비슷하다. Reflect.defineProperty()는 불리언 값을 반환하지만, Object.defineProperty()는 수정된 객체를 반환한다. Object.defineProperty()는 객체 프로퍼티를 수정/정의하다 실패하면 예외를 내지만, Reflect.defineProperty()는 단순히 false를 반환한다.

다음 3개의 인자를 받는다.

- 첫 번째 인자는 프로퍼티를 정의/수정할 객체다.
- 두 번째 인자는 정의/수정할 프로퍼티명 또는 심볼이다.
- 세 번째 인자는 정의/수정할 프로퍼티의 서술이다.

데이터 프로퍼티와 접근자 프로퍼티

ES5부터 모든 객체의 프로퍼티는 데이터 프로퍼티data property, 접근자 프로퍼티accessor property 둘 중 하나다. 데이터 프로퍼티는 쓰기 가능 또는 불가 상태의 값을 가지는 반면, 접근자 프로퍼티는 프로퍼티 값을 조회/지정하는 함수의 게터-세터 쌍을 가진다.

데이터 프로퍼티 속성으로는 value, writable, enumerable, configurable이 있고, 접근자 프로퍼티 속성으로는 set, get, enumerable, configurable이 있다.

서술자descriptor는 프로퍼티의 속성을 서술하는 객체다. Reflect.defineProperty(), Object.defineProperty(), Object.defineProperties(), Object.create() 메소드로 프로퍼티를 생성할 때 해당 프로퍼티의 서술자를 전달한다.

데이터 프로퍼티 서술자의 속성은 다음과 같다.

- value(값): 프로퍼티에 할당된 값으로, 기본값은 `undefined`다.

- writable(쓰기 가능): 이 속성이 `true`면 할당 연산자로 값을 변경할 수 있다. 기본값은 `false`다.

- configurable(설정 가능): 이 속성이 `true`면 프로퍼티 속성을 변경/삭제할 수 있다. 기본값은 `false`다. `configurable`이 `false`이고 `writable`이 `true`면, 값과 쓰기가능 속성은 변경 가능하다.

- enumerable(열거 가능): 이 속성이 `true`면 프로퍼티를 `for...in` 루프나 `Object.keys()` 메소드에 열거할 수 있다. 기본값은 `false`다.

접근자 프로퍼티 서술자 속성은 다음과 같다.

- get(겟): 프로퍼티 값을 조회하는 함수다. 파라미터는 없으며 기본값은 `undefined`다.

- set(셋): 프로퍼티 값을 지정하는 함수다. 주어진 값을 프로퍼티에 할당한다.

- configurable(설정 가능): 이 속성이 `true`면 프로퍼티 서술자를 변경하거나 프로퍼티 자체를 삭제할 수 있다. 기본값은 `false`다.

- enumerable(열거 가능): 이 속성이 `true`면 프로퍼티를 `for...in` 루프나 `Object.keys()` 메소드에 열거할 수 있다. 기본값은 `false`다.

자바스크립트 엔진은 서술자 객체의 프로퍼티를 보고 데이터 프로퍼티인지, 접근자 프로퍼티인지 판단한다.

`Reflect.defineProperty()`, `Object.defineProperty()`, `Object.defineProperties()`, `Object.create()`를 쓰지 않고 추가한 프로퍼티는 `writable`, `enumerable`, `configurable` 속성이 모두 `true`인 데이터 프로퍼티로 설정된다. 물론, 이 속성은 추가한 이후에 변경해도 된다.

`Reflect.defineProperty()`, `Object.defineProperty()`, `Object.defineProperties()` 메소드 호출 시 이미 객체에 동일한 이름의 프로퍼티가 있을 경우 해당 프로퍼티를 덮어쓴다. 서술자에 따로 지정하지 않은 속성은 유지된다.

데이터/접근자 프로퍼티는 상호 변환이 가능한데, 변환을 하면 서술자에 지정하지 않은 configurable, enumerable 속성은 보존되지만 다른 속성은 기본값으로 설정된다.

다음은 Reflect.defineProperty()로 데이터 프로퍼티를 생성하는 예제다.

```
var obj = {}

Reflect.defineProperty(obj, "name", {
  value: "수지",
  writable: true,
  configurable: true,
  enumerable: true
});


console.log(obj.name); //실행 결과 "수지"
```

같은 메소드로 접근자 프로퍼티를 생성하는 예제를 보자.

```
var obj = {
   __name__ : "수지"
}

Reflect.defineProperty(obj, "name", {
  get: function(){
    return this.__name__;
  },
  set: function(newName){
    this.__name__ = newName;
  },
  configurable: true,
  enumerable: true
});

obj.name = "민호";
console.log(obj.name); //실행 결과 "민호"
```

Reflect.deleteProperty(object, property) 메소드

Reflect.deleteProperty()는 객체 프로퍼티를 삭제하는 메소드로, delete 연산자와 기능이 같다.

이 메소드는 타깃 객체와 삭제할 프로퍼티명, 2개의 인자를 받는다. 문제없이 잘 삭제되면 true를, 아니면 false를 반환한다.

```
var obj = {
  name: "수지"
}

console.log(obj.name); //실행 결과 "수지"

Reflect.deleteProperty(obj, "name");

console.log(obj.name); //실행 결과 "undefined"
```

Reflect.enumerate(object) 메소드

Reflect.enumerate()는 주어진 객체 자신의 열거 가능한 프로퍼티와 이 객체가 상속받은 열거 가능 프로퍼티를 이터레이터 객체로 반환한다.

이 메소드는 열거 가능 프로퍼티를 순회하는 for...in 루프와 유사하다.

```
var obj = {
  a: 1,
  b: 2,
  c: 3
};

var iterator = Reflect.enumerate(obj);

console.log(iterator.next().value);
console.log(iterator.next().value);
console.log(iterator.next().value);
console.log(iterator.next().done);
```

실행 결과는 다음과 같다.

```
a
b
c
true
```

Reflect.get(object, property, this) 메소드

Reflect.get()은 객체 프로퍼티 값을 조회하는 메소드로, 객체와 프로퍼티명을 인자로 받고 프로퍼티가 접근자 프로퍼티일 경우 세 번째 선택 인자에 get 함수 내부의 this 값을 지정할 수 있다.

```
var obj = {
  __name__ : "수지"
};

Reflect.defineProperty(obj, "name", {
  get: function(){
    return this.__name__;
  }
});

console.log(obj.name); //실행 결과 "수지"

var name = Reflect.get(obj, "name", {__name__: "민호"});

console.log(name); //실행 결과 "민호"
```

Reflect.set(object, property, value, this) 메소드

Reflect.set()는 객체 프로퍼티 값을 지정하는 메소드로, 객체와 프로퍼티명, 프로퍼티 값을 인자로 받는다. 접근자 프로퍼티일 경우에는 네 번째 선택 인자에 get 함수 내부의 this 값을 지정할 수 있다.

프로퍼티 값이 아무 탈 없이 잘 지정되면 true를, 아니면 false를 반환한다.

```
var obj1 = {
   __name__ : "수지"
};

Reflect.defineProperty(obj1, "name", {
  set: function(newName){
    this.__name__ = newName;
  },

  get: function(){
    return this.__name__;
  }
});

var obj2 = {
   __name__ : "민호"
};

Reflect.set(obj1, "name", "수지", obj2);

console.log(obj1.name); //실행 결과 "수지"
console.log(obj2.__name__); //실행 결과 "수지"
```

Reflect.getOwnPropertyDescriptor(object, property) 메소드

Reflect.getOwnPropertyDescriptor()는 객체 프로퍼티의 서술자를 조회하는
메소드로, 기능 상 Object.getOwnPropertyDescriptor()와 거의 같다.

첫 번째 인자는 타깃 객체, 두 번째 인자는 프로퍼티명이다.

```
var obj = {
  name: "수지"
};

var descriptor = Reflect.getOwnPropertyDescriptor(obj, "name");

console.log(descriptor.value);
console.log(descriptor.writable);
console.log(descriptor.enumerable);
console.log(descriptor.configurable);
```

실행 결과는 다음과 같다.

```
수지
true
true
true
```

Reflect.getPrototypeOf(object) 메소드

Reflect.getPrototypeOf()는 객체 프로토타입, 즉 내부 [[prototype]] 값을 조회하는 메소드로, Object.getPrototypeOf()와 같다.

```
var obj1 = {
  __proto__: {
    name: "수지"
  }
};

var obj2 = Reflect.getPrototypeOf(obj1);

console.log(obj2.name); //실행 결과 "수지"
```

Reflect.setPrototypeOf(object, prototype) 메소드

Reflect.setPrototypeOf()는 내부 [[prototype]] 값을 지정하는 메소드다. 작업 성공 여부를 true/false로 반환한다.

```
var obj = {};

Reflect.setPrototypeOf(obj, {
  name: "수지"
});

console.log(obj.name); //실행 결과 "수지"
```

Reflect.has(object, property) 메소드

Reflect.has()는 주어진 객체에 어떤 프로퍼티가 존재하는지 확인하는 메소드로, 이 객체가 상속한 프로퍼티도 체크한다. 존재 여부를 true/false로 반환한다.

in 연산자와 기능 상 같다.

```
var obj = {
  __proto__: {
    name: "수지"
  },
  age: 12
};

console.log(Reflect.has(obj, "name")); //실행 결과 "true"
console.log(Reflect.has(obj, "age")); //실행 결과 "true"
```

Reflect.isExtensible(object) 메소드

Reflect.isExtensible()는 확장 가능한 객체인지, 즉 이 객체에 새로 프로퍼티를 추가할 수 있는지 확인하는 메소드다.

자바스크립트 객체는 Object.preventExtensions(), Object.freeze(), Object.seal() 메소드로 더 이상 확장할 수 없게 고정할 수 있다.

이 메소드는 Object.isExtensible()과 같다.

```
var obj = {
  name: "수지"
};

console.log(Reflect.isExtensible(obj)); //실행 결과 "true"

Object.preventExtensions(obj);

console.log(Reflect.isExtensible(obj)); //실행 결과 "false"
```

Reflect.preventExtensions(object) 메소드

Reflect.preventExtensions()는 객체를 확장할 수 없게 하는 메소드다. 처리 결과를 true/false로 반환한다.

이 메소드는 Object.preventExtensions()과 같다.

```
var obj = {
  name: "수지"
};

console.log(Reflect.isExtensible(obj)); //실행 결과 "true"

console.log(Reflect.preventExtensions(obj)); //실행 결과 "true"

console.log(Reflect.isExtensible(obj)); //실행 결과 "false"
```

Reflect.ownKeys(object) 메소드

Reflect.ownKeys()는 객체 자신의 프로퍼티 키를 원소로 담은 배열을 반환한다. 상속한 프로퍼티는 무시한다.

```
var obj = {
  a: 1,
  b: 2,
  __proto__: {
    c: 3
  }
};

var keys = Reflect.ownKeys(obj);

console.log(keys.length); //실행 결과 "2"
console.log(keys[0]); //실행 결과 "a"
console.log(keys[1]); //실행 결과 "b"
```

요약

이 장에서는 객체 리플렉션의 정의와 ES6 리플렉트 API를 어떻게 활용하는지 알아보았다. Reflect 객체의 다양한 메소드를 예제와 함께 배웠다. ES6 리플렉트 API로 객체 프로퍼티를 들여다보고 조작할 수 있다는 사실을 알았다.

다음 장은 ES6 프록시와 그 사용법을 다룬다.

6
프록시

프록시Proxy는 객체에 임의의 동작을 넣기 위해 사용한다. C#, C++, 자바 같은 언어에서는 이미 예전부터 쓰여온 기능으로 자바스크립트는 ES6부터 처음 도입되어 프록시를 만들 수 있게 됐다. 이 장에서는 프록시가 무엇이고 어떻게 사용하는지 설명하고 프록시 트랩을 다룬다. 프록시는 장점이 많아 활용 범위가 확대되는 추세다. 예제를 보면서 자세히 알아보자.

나음은 이 장의 주제다.

- 프록시 API로 프록시를 생성
- 프록시의 정의와 사용 방법
- 트랩으로 객체 로직 가로채기
- 트랩의 다양한 종류
- 프록시 용례

프록시란?

프록시는 프로퍼티 탐색lookup 및 할당, 생성자 호출, 열거 등 객체의 기본 동작에 사용자 임의의 로직을 넣기 위해 사용하는 일종의 객체 감싸미다.

객체를 프록시로 감싼 이후에는 해당 객체에서 일어나는 모든 일들은 프록시 객체를 대상으로 하기 때문에 원하는 작업을 넣을 수 있다.

용어 정의

프록시 관련 주요 용어 몇 가지를 정리한다.

- **타깃**target: 프록시로 감쌀 객체다.
- **트랩**trap: 타깃 객체의 동작을 가로채는 함수로, 사용자 임의의 동작을 부여한다.
- **처리기**handler: 트랩이 있는 객체로, 프록시 객체에 붙인다.

프록시 API

프록시는 Proxy 생성자로 생성하며, 다음 2개의 인자를 받는다.

- **타깃**: 프록시로 감쌀 객체
- **처리기**: 타깃 객체에 쓸 트랩이 있는 객체

트랩은 타깃 객체에 가능한 어떤 작업이라도 정의할 수 있으며, 정의하지 않을 경우 기본 동작을 수행한다.

프록시 생성과 타깃 객체에 여러 가지 작업을 어떻게 수행하는지 살펴보자. 다음 예제에서 아직 트랩은 쓰지 않았다.

```
var target = {
  age: 12
};
var handler = {};
```

```
var proxy = new Proxy(target, handler);

proxy.name = "수지";
console.log(target.name);
console.log(proxy.name);
console.log(target.age);
console.log(proxy.age);
```

실행 결과는 다음과 같다.

```
수지
수지
12
12
```

target.age 프로퍼티를 proxy 객체를 통하여 접근했고 proxy에 name 프로퍼티를 추가했더니 실제로 target 객체에도 함께 추가됐다.

프로퍼티 할당 트랩이 따로 없는 관계로 proxy.name을 지정하면 프로퍼티에 값을 할당하는 기본 동작을 한다.

이와 같이 proxy는 단순히 target 객체를 감싼 것이고 기본 동작을 벗어나는 다른 변화를 일으키려면 트랩이 필요하다.

보통 프록시를 사용할 때 타깃 객체를 별도의 참조값 변수로 보관하지 않는 경우가 대부분이다. 처리기 참조값은 여러 프록시에서 해당 처리기를 재사용할 때에만 갖고 있으면 된다. 예제 코드를 다시 작성하면 다음과 같다.

```
var proxy = new Proxy({
  age: 12
}, {});

proxy.name = "수지";
```

트랩

각양각색의 트랩을 객체에 적용할 수 있다. 값을 반환하는 트랩은 반환 시 지켜야 할 규칙이 있다. 프록시는 반환값을 가로채고 필터링하여 규칙에 부합하는지 체크하며, 규칙에 맞지 않으면 `TypeError` 예외를 발생한다.

트랩 내부에서 `this` 값은 항상 처리기를 가리킨다.

천의 얼굴을 가진 트랩을 살펴보자.

get(target, property, receiver) 메소드

`get` 트랩은 점(.) 또는 중괄호 기호를 사용해서 프로퍼티 값을 조회할 때 사용한다. 타깃 객체, 프로퍼티명, 프록시, 3개의 인자를 받는다.

해당 프로퍼티 값을 반환한다.

```
var proxy = new Proxy({
    age: 12
  }, {
    get: function(target, property, receiver){
      if(property in target)
      {
        return target[property];
      }
      else
      {
        return "찾지 못함";
      }
    }
  }
);

console.log(Reflect.get(proxy, "age"));
console.log(Reflect.get(proxy, "name"));
```

실행 결과는 다음과 같다.

```
12
찾지 못함
```

`get` 트랩은 `target` 객체를 수색한 뒤, 찾으면 해당 프로퍼티 값을, 찾지 못하면 "찾지 못함" 문자열을 반환한다.

receiver는 접근하려는 프로퍼티가 위치한 객체의 참조값이다. 다음 예제를 보면
의미를 이해할 수 있을 것이다.

```
var proxy = new Proxy({age: 13}, {
    get: function(target, property, receiver){

        console.log(receiver);

        if(property in target)
        {
          console.log(receiver);
          return target[property];
        }
        else
        {
          return "찾지 못함";
        }
      }
    }
);


var temp = proxy.name;

var obj = {
  age: 12,
  __proto__: proxy
}

temp = obj.name;
```

실행 결과는 다음과 같다.

```
{age: 13}
{age: 12}
```

obj는 proxy 객체를 상속한다. name 프로퍼티가 obj 객체에 없으므로 proxy 객체
를 뒤지는데, proxy 객체에 get 트랩이 있으므로 값이 나온다.

따라서 receiver 값은 name을 접근하는 방법이 obj.name이면 obj, proxy.name 이면 proxy가 된다.

다른 트랩에서도 이런 식으로 결정된다.

규칙

get 트랩 사용 규칙은 다음과 같다.

- 타깃 객체 프로퍼티가 쓰기 금지, 설정 금지 데이터 프로퍼티면, 타깃 객체 프로퍼티 값과 동일한 값을 반환한다.
- 타깃 객체 프로퍼티가 [[Get]] 속성이 undefined인, 설정 금지 접근자 프로퍼티면 값은 undefined다.

set(target, property, value, receiver) 메소드

set 트랩은 할당 연산자, 또는 Reflect.set() 메소드로 프로퍼티 값을 지정할 때 실행된다. 타깃 객체, 프로퍼티명, 새 프로퍼티명, 수신자를 인자로 받는다.

지정 성공 여부를 true/false로 반환한다.

```
var proxy = new Proxy({}, {
  set: function(target, property, value, receiver){
    target[property] = value;
    return true;
  }
});

Reflect.set(proxy, "name", "수지");
console.log(proxy.name); //실행 결과 "수지"
```

규칙

set 트랩 사용 규칙은 다음과 같다.

- 타깃 객체 프로퍼티가 쓰기 금지, 설정 금지 데이터 프로퍼티면, 값을 변경할 수 없으므로 false를 반환한다.

- 타깃 객체 프로퍼티가 [[Set]] 속성이 undefined인, 설정 금지된 접근자 프로퍼티면, 값을 변경할 수 없으므로 false를 반환한다.

has(target, property) 메소드

has 트랩은 in 연산자로 특정 프로퍼티가 있는지 확인할 때 실행된다. 타깃 객체, 프로퍼티명을 인자로 받아 존재 여부를 불리언 값으로 반환한다.

```
var proxy = new Proxy({age: 12}, {
  has: function(target, property){
    if(property in target)
    {
      return true;
    }
    else
    {
      return false;
    }
  }
});

console.log(Reflect.has(proxy, "name"));
console.log(Reflect.has(proxy, "age"));
```

실행 결과는 다음과 같다.

```
false
true
```

규칙

has 트랩 사용 규칙은 다음과 같다.

- 타깃 객체 프로퍼티가 객체 자신의 프로퍼티이고 설정 금지 프로퍼티면 false를 반환할 수 없다.
- 타깃 객체가 확장할 수 없고 프로퍼티가 객체 자신의 프로퍼티로 존재하면 false를 반환할 수 없다.

isExtensible(target) 메소드

isExtensible 트랩은 Object.isExtensible() 메소드로 특정 프로퍼티의 확장 가능 여부를 확인할 때 실행된다. 타깃 객체를 인자로 받아 확장 가능 여부를 불리언 값으로 반환한다.

```
var proxy = new Proxy({age: 12}, {
  isExtensible: function(target){
    return Object.isExtensible(target);
  }
});

console.log(Reflect.isExtensible(proxy)); //실행 결과 "true"
```

규칙

isExtensible 트랩의 사용 규칙은 다음과 같다.

● 타깃 객체가 확장 가능하면 false를 반환할 수 없다. 거꾸로, 확장 불가하면 true를 반환할 수는 없다.

getPrototypeOf(target) 메소드

getPrototypeOf 트랩은 Object.getPrototypeOf() 메소드나 __proto__ 프로퍼티로 내부 [[prototype]] 프로퍼티 값을 조회할 때 실행된다. 타깃 객체를 인자로 받는다.

이 메소드는 null 또는 객체를 반환한다. null 값은 타깃 객체가 아무 것도 상속하지 않은, 상속 체인의 끝부분에 있는 객체임을 뜻한다.

```
var proxy = new Proxy({age: 12, __proto__: {name: "수지"}}, {
  getPrototypeOf: function(target){
    return Object.getPrototypeOf(target);
  }
});

console.log(Reflect.getPrototypeOf(proxy).name); //실행 결과 "수지"
```

규칙

`getPrototypeOf` 트랩 사용 규칙은 다음과 같다.

- 반환값은 반드시 객체, `null` 중 하나다.
- 타깃 객체가 확장 불가하면 실제 프로토타입을 반환한다.

setPrototypeOf(target, prototype) 메소드

`setPrototypeOf` 트랩은 `Object.setPrototypeOf()` 메소드나 `__proto__` 프로퍼티로 내부 `[[prototype]]` 프로퍼티 값을 지정할 때 실행된다. 타깃 객체, 할당할 프로퍼티 값을 인자로 받는다.

지정 성공 여부를 `true/false`로 반환한다.

```
var proxy = new Proxy({}, {
  setPrototypeOf: function(target, value){
    Reflect.setPrototypeOf(target, value);
    return true;
  }
});

Reflect.setPrototypeOf(proxy, {name: "수지"});

console.log(Reflect.getPrototypeOf(proxy).name); //실행 결과 "수지"
```

규칙

`setPrototypeOf` 트랩 사용 규칙은 다음과 같다.

- 타깃 객체가 확장 불가하면 `false`를 반환한다.

preventExtensions(target) 메소드

`preventExtensions` 트랩은 `Object.preventExtensions()`로 프로퍼티를 추가하지 못하게 차단할 때 실행된다. 인자는 `target` 객체 하나다.

확장 방지 성공 여부를 `true/false`로 반환한다.

```
var proxy = new Proxy({}, {
  preventExtensions: function(target){
    Object.preventExtensions(target);
    return true;
  }
});

Reflect.preventExtensions(proxy);

proxy.a = 12;
console.log(proxy.a); //실행 결과 "undefined"
```

규칙

preventExtensions 트랩 사용 규칙은 다음과 같다.

- 타깃이 확장 불가, 또는 그렇게 되었을 경우에만 true를 반환한다.

getOwnPropertyDescriptor(target, property) 메소드

getOwnPropertyDescriptor 트랩은 Object.getOwnPropertyDescriptor() 메소드로 프로퍼티 서술자를 조회할 때 실행된다. 타깃 객체와 프로퍼티명을 인자로 받는다.

이 트랩은 서술자 객체 또는 undefined 둘 중 하나를 반환한다. 주어진 프로퍼티가 없으면 반환값은 undefined다.

```
var proxy = new Proxy({age: 12}, {
  getOwnPropertyDescriptor: function(target, property){
    return Object.getOwnPropertyDescriptor(target, property);
  }
});

var descriptor = Reflect.getOwnPropertyDescriptor(proxy, "age");

console.log("Enumerable: " + descriptor.enumerable);
console.log("Writable: " + descriptor.writable);
console.log("Configurable: " + descriptor.configurable);
console.log("Value: " + descriptor.value);
```

실행 결과는 다음과 같다.

```
Enumerable: true
Writable: true
Configurable: true
Value: 12
```

getOwnPropertyDescriptor 트랩의 사용 규칙은 다음과 같다.

- 객체, undefined 둘 중 하나를 반환한다.

- 주어진 프로퍼티가 타깃 객체 자신의 설정 불가한 프로퍼티라면 undefined를 반환할 수 없다.

- 주어진 프로퍼티가 타깃 객체 자신의 프로퍼티이고 타깃 객체가 확장 불가하면 undefined를 반환할 수 없다.

- 주어진 프로퍼티가 타깃 객체 자신의 프로퍼티가 아니고 타깃 객체가 확장 불가하면 undefined를 반환한다.

- 주어진 프로퍼티가 타깃 객체 자신의 프로퍼티이거나, 타깃 객체 자신의 설정 가능한 프로퍼티이면, 반환된 서술자 객체의 configurable 프로퍼티를 false로 바꿀 수 없다.

defineProperty(target, property, descriptor) 메소드

defineProperty 트랩은 Object.defineProperty() 메소드로 프로퍼티를 정의할 때 실행된다. 타깃 객체, 프로퍼티명, 서술자 객체를 인자로 받는다.

정의 성공 여부를 불리언 값으로 반환한다.

```
var proxy = new Proxy({}, {
  defineProperty: function(target, property, descriptor){
    Object.defineProperty(target, property, descriptor);
    return true;
  }
});

Reflect.defineProperty(proxy, "name", {value: "수지"});

console.log(proxy.name); //실행 결과 "수지"
```

규칙

defineProperty 트랩의 사용 규칙은 다음과 같다.

- 타깃 객체가 확장 불가하고 프로퍼티가 존재하지 않을 땐 false를 반환한다.

The deleteProperty(target, property) 메소드

deleteProperty 트랩은 Object.deleteProperty() 메소드나 delete 연산자로 프로퍼티를 삭제할 때 실행된다. 타깃 객체, 프로퍼티명을 인자로 받는다.

삭제 성공 여부를 불리언 값으로 반환한다.

```
var proxy = new Proxy({age: 12}, {
  deleteProperty: function(target, property){
    return delete target[property];
  }
});


Reflect.deleteProperty(proxy, "age");
console.log(proxy.age); //실행 결과 "undefined"
```

규칙

deleteProperty 트랩의 사용 규칙은 다음과 같다.

- 주어진 프로퍼티가 타깃 객체 자신의 설정 불가 프로퍼티면 false를 반환한다.

enumerate(target) 메소드

enumerate 트랩은 Reflect.enumerate() 메소드나 for...in 루프로 프로퍼티 키를 순회할 때 실행된다. 인자는 타깃 객체다.

객체의 열거 가능한 키를 담은 이터레이터 객체를 반환한다.

```
var proxy = new Proxy({age: 12, name: "수지"}, {
  enumerate: function(target){
    var arr = [];
```

```
    for(var p in target)
    {
      arr[arr.length] = p;
    }

    return arr[Symbol.iterator]();
  }
});

var iterator = Reflect.enumerate(proxy);

console.log(iterator.next().value);
console.log(iterator.next().value);
console.log(iterator.next().done);
```

실행 결과는 다음과 같다.

```
age
name
true
```

규칙

enumerate 트랩의 사용 규칙은 다음과 같다.

* 반드시 객체를 반환한다.

ownKeys(target) 메소드

ownKeys 트랩은 Reflect.ownKeys(), Object.getOwnPropertyNames(), Object.getOwnPropertySymbols(), Object.keys() 메소드로 객체 자신의 프로퍼티 키를 조회할 때 실행된다. 인자는 타깃 객체다.

이 메소드는 Object.getOwnPropertyNames()와 비슷해서 객체의 열거 가능/열거 불가 프로퍼티 키를 반환하며 상속한 프로퍼티는 무시한다. Reflect.ownKeys()는 심볼, 문자열 키 둘 다 반환하지만 Object.getOwnPropertyNames()는 문자열 키만 반환한다는 점이 유일하게 다르다.

Object.getOwnPropertySymbols() 메소드는 심볼 타입의 열거 가능/열거 불가 프로퍼티를 반환하고 상속한 프로퍼티는 모두 무시한다.

이 메소드는 열거 가능 프로퍼티만 반환한다는 점을 제외하고는 Object.getOwnPropertyNames()와 같다.

ownKeys 트랩은 객체 자신의 프로퍼티 키를 가진 배열을 반환한다.

```
var s = Symbol();

var object = {age: 12, __proto__: {name: "수지"}, [s]: "Symbol"};

Object.defineProperty(object, "profession", {
  enumerable: false,
  configurable: false,
  writable: false,
  value: "연예인"
});

var proxy = new Proxy(object, {
  ownKeys: function(target){
    return Object.getOwnPropertyNames(target).concat(Object.
    getOwnPropertySym
    bols(target));
  }
});

console.log(Reflect.ownKeys(proxy));
console.log(Object.getOwnPropertyNames(proxy));
console.log(Object.keys(proxy));
console.log(Object.getOwnPropertySymbols(proxy));
```

실행 결과는 다음과 같다.

```
["age", "profession", Symbol()]
["age", "profession"]
["age"]
[Symbol()]
```

호출부 코드의 바람대로 ownKeys 트랩이 반환한 배열 값을 프록시가 필터링했다.

예컨대, `Object.getOwnPropertySymbols()`는 심볼 배열을 받아야 하므로 프록시는 반환할 배열에서 문자열은 제거했다.

규칙

ownKeys 트랩의 사용 규칙은 다음과 같다.

- 반환할 배열 원소의 타입은 문자열, 심볼 중 하나다.
- 반환할 배열은 target 객체 자신의 설정 불가 프로퍼티 키를 모두 가진다.
- 타깃 객체가 확장 불가할 경우 반환할 배열은 자신의 프로퍼티 + target 객체의 모든 키를 담고 있다.

apply(target, thisValue, arguments) 메소드

타깃 객체가 함수면 프록시 호출 시 apply 트랩이 실행된다. 함수에서 `apply()`, `call()`, `Reflect.apply()` 메소드를 호출해도 실행된다.

인자는 3개다. 첫 번째 인자는 target 객체, 두 번째 인자는 타깃 함수의 this 값, 세 번째 인자는 함수 호출 인자를 담은 배열이다. 타깃 함수를 프록시 없이 호출하면 결국 타깃 함수의 this 값과 동일하다.

```
var proxy = new Proxy(function(){}, {
  apply: function(target, thisValue, arguments){
    console.log(thisValue.name);
    return arguments[0] + arguments[1] + arguments[2];
  }
});

var obj = {
  name: "수지",
  f: proxy
}

var sum = obj.f(1,2,3);

console.log(sum);
```

실행 결과는 다음과 같다.

```
수지
6
```

construct(target, arguments) 메소드

타깃 객체가 함수면 타깃을 생성자, `new` 연산자, `Reflect.construct()` 메소드를 이용하여 호출하면 `construct` 트랩이 실행된다.

`target` 객체와 생성자 호출 인자를 가진 배열을 인자로 받는다.

```
var proxy = new Proxy(function(){}, {
  construct: function(target, arguments){
    return {name: arguments[0]};
  }
});

var obj = new proxy("수지");
console.log(obj.name); //실행 결과 "수지"
```

Proxy.revocable(target, handler) 메소드

리보커블 프록시revocable proxy는 도중에 취소가 가능한(즉, 스위치를 꺼버릴 수 있는) 프록시다.

이 프록시를 생성하려면 `Proxy.revocable()` 메소드가 필요하다. 이 메소드는 생성자가 아니고 `Proxy` 생성자와 같은 인자를 받지만, 취소 가능 인스턴스를 직접 반환하지 않고 다음 두 프로퍼티를 지닌 객체를 반환한다.

- `proxy`: 취소 가능 프록시 객체
- `revoke`: 이 함수를 호출해야 `proxy`를 취소한다.

리보커블 프록시를 취소한 이후에 사용하려고 하면 `TypeError` 예외가 난다.

리보커블 프록시를 생성하고 취소하는 예제를 보자.

```
var revocableProxy = Proxy.revocable({
  age: 12
}, {
  get: function(target, property, receiver){
    if(property in target)
    {
      return target[property];
    }
    else
    {
      return "찾지 못함";
    }
  }
 }
);


console.log(revocableProxy.proxy.age);

revocableProxy.revoke();

console.log(revocableProxy.proxy.name);
```

실행 결과는 다음과 같다.

```
12
TypeError: proxy is revoked
```

용례

일반 프록시 대신 사용할 수 있다. 비동기적으로, 또는 병렬로 실행되는 함수에 프록시를 전달하고, 더 이상 프록시를 사용하지 말아야 할 때 언제라도 취소할 수 있다.

프록시 용도

프록시의 중요한 용도 몇 가지를 정리한다.

- 원격 객체remote object, 영속 객체persistent object 등의 가상화 객체virtualized object 생성
- 지연lazy 객체 생성
- 투명한 로깅logging, 추적tracing, 프로파일링profiling 등
- 임베디드 도메인 특정 언어embedded domain specific language
- 접근 통제 강화를 위한 일반적인 끼워넣기interposing 추상화

요약

이 장에서는 프록시의 정의와 사용법, 그리고 다양한 트랩에 관한 예제, 상이한 규칙들을 살펴보았다. ES6 프록시 API에 대한 전체 내용과 용례를 자세히 기술했다.

다음 장에서는 객체 지향 프로그래밍과 ES6 클래스를 고찰한다.

7
클래스 답사

ES6는 생성자를 만들고 상속을 다루는, 훨씬 간결하고 단정한 구문을 제공한다. 자바스크립트는 객체 지향 언어라고 하면서도 클래스 개념조차 전무하여 타 프로그래밍 언어 개발자가 자바스크립트의 객체 지향 모형과 상속을 이해하기가 쉽지 않다. 이 장에서는 ES6 클래스로 객체 지향 자바스크립트를 작성해본다.

다음은 이 장의 주제다.

- 자바스크립트의 데이터 타입

- 옛 방식으로 객체 생성

- 원시 타입의 생성자

- ES6 클래스란 무엇인가?

- 클래스를 이용한 객체 생성

- 클래스 상속

- 클래스의 특징

객체 지향 자바스크립트

ES6 클래스를 거론하기 전에 잠깐 자바스크립트의 데이터 타입, 생성자, 상속을 되짚어본다. 클래스 공부를 하면서 생성자/프로토타입 기반의 상속 구문과 클래스 구문을 비교한다. 중요한 내용이니 확실히 알고 넘어가자.

자바스크립트 데이터 타입

자바스크립트 변수는 데이터(또는 값)를 가진다(저장한다). 데이터 타입data type은 데이터 변수의 유형이다. 자바스크립트에는 숫자, 문자, 불리언, null, undefined, 심볼, 객체의 7가지 데이터 타입이 있다.

객체는 객체 자신이 아닌, 객체를 가리키는 참조값(메모리 주소)을 저장한다.

객체 아닌 데이터 타입은 원시 데이터 타입primitive data type이라고 한다.

 자바스크립트에서 배열, 함수는 객체다.

객체 생성

자바스크립트에서는 객체 리터럴, 생성자의 두 가지 방법으로 객체를 생성한다. 정적인 객체를 생성할 때는 객체 리터럴, 런타임 시점에 동적으로 객체를 생성할 때는 생성자를 사용한다.

객체 리터럴 대신 생성자를 써야 하는 경우를 보자.

```
var student = {
  name: "수지",
  printName: function(){
    console.log(this.name);
  }
}

student.printName(); //실행 결과 "수지"
```

객체 리터럴, 즉 {} 기호로 student 객체를 생성했다. 이렇게 student 객체 하나만 생성할 땐 문제가 없다.

객체를 여러 개 만들고자 한다면? 코드를 여러 줄 반복해서 student 객체를 찍어 내고 싶진 않다. 바로 이럴 때 생성자를 쓴다.

함수에 new 키워드를 붙여 호출하면 생성자로 동작하여 객체를 생성 후 반환한다. 함수 안에서 this 키워드는 생성자 호출 시점의 새 객체 인스턴스를 가리키며, 생성자 실행이 끝나면 자동으로 새 객체를 반환한다.

```
function Student(name)
{
  this.name = name;
}

Student.prototype.printName = function(){
  console.log(this.name);
}

var student1 = new Student("수지");
var student2 = new Student("민호");

student1.printName(); //실행 결과 "수지"
student2.printName(); //실행 결과 "민호"
```

객체 리터럴이 아닌, 생성자를 여러 번 호출함으로써 student 객체를 여러 개 생성했다.

this 키워드가 아닌, 생성자의 prototype 프로퍼티를 이용하여 생성자 인스턴스에 메소드를 추가한 부분을 잘 봐두자. 어떻게 이런 일이 가능한지, prototype 프로퍼티가 대체 무엇인지는 잠시 후 다시 설명한다.

객체는 사실 생성자에 속한다. 모든 객체는 객체 생성자를 가리키는 constructor 프로퍼티를 상속한다. 객체 리터럴로 객체를 생성할 경우 constructor는 전역 Object 생성자를 가리킨다.

```
var student = {}

console.log(student.constructor == Object); //실행 결과 "true"
```

상속

자바스크립트 객체는 내부 [[prototype]] 프로퍼티로 다른 객체의 프로토타입을 참조한다. 프로토타입 객체도 자신의 프로토타입을 갖고 있고, 프로토타입이 null이 될 때까지 체인은 이어진다. null은 프로토타입 체인의 마지막 지점에 이르러 더 이상 참조할 프로토타입이 없음을 의미한다.

객체 프로퍼티에 접근할 때 그 프로퍼티가 객체에 있으면 객체 프로토타입에서 프로퍼티를 찾지만, 객체에 없으면 프로토타입 객체의 프로토타입을 찾아 나선다. 그리고 프로토타입 체인에서 null이 나올 때까지 샅샅이 뒤진다. 자바스크립트 상속은 이런 식으로 이루어진다.

자바스크립트 객체는 단 하나의 프로토타입을 가지므로 단일 상속만 지원한다.

객체 리터럴로 객체를 생성할 경우, 특수 프로퍼티 __proto__를 이용하거나 Object.setPrototypeOf() 메소드로 객체 프로토타입 자체를 할당한다. 아직 __proto__를 지원하지 않는 브라우저가 많고 Object.setPrototypeOf()는 좀 석연찮은 구석이 있어서 Object.create() 메소드로 주어진 프로토타입을 지닌 새 객체를 생성하는 게 보통이다. 객체 리터럴로 객체를 생성하고 프로토타입을 설정하는 예제를 몇 가지 들어보자.

```
var object1 = {
  name: "수지",
  __proto__: {age: 24}
}

var object2 = {name: "수지"}
Object.setPrototypeOf(object2, {age: 24});

var object3 = Object.create({age: 24}, {name: {value: "수지"}});
```

```
console.log(object1.name + " " + object1.age);
console.log(object2.name + " " + object2.age);
console.log(object3.name + " " + object3.age);
```

실행 결과는 다음과 같다.

```
수지 24
수지 24
수지 24
```

이 예제에서 상속받은 {age:24} 객체를 기반 객체base object, 상위 객체superobject, 부모 객체parent object라고 한다. 또 다른 객체를 상속한 {name:"수지"} 같은 객체를 파생 객체derived object, 하위 객체subobject, 자식 객체child object라고 부른다.

객체 리터럴로 객체를 생성할 경우, 프로토타입을 할당하지 않으면 해당 객체의 프로토타입은 Object.prototype 프로퍼티를 가리킨다. 프로토타입 체인 끝이라서 Object.prototype의 프로토타입은 null이다.

```
var obj = {
  name: "수지"
}

console.log(obj.__proto__ == Object.prototype); //실행 결과 "true"
```

생성자로 객체를 생성할 경우, 새 객체의 프로토타입은 함수 객체의 prototype 프로퍼티를 참조한다. 이 프로퍼티는 기본적으로 함수 자신을 가리키는 constructor라는 프로퍼티 하나로만 구성된 객체다. 다음 예제를 보면 어떤 구조인지 이해가 빠를 것이다.

```
function Student()
{
  this.name = "수지";
}

var obj = new Student();

console.log(obj.__proto__.constructor == Student); //실행 결과 "true"
console.log(obj.__proto__ == Student.prototype); //실행 결과 "true"
```

생성자 인스턴스에 새 메소드를 추가하려면 이와 같이 생성자의 prototype 프로퍼티에 메소드를 추가해야지, 생성자 바디에서 this 키워드로 메소드를 추가하면 안 된다. 모든 생성자 인스턴스가 메소드 사본을 갖고 있기 때문에 메모리 측면에서 비효율적이다. 생성자 prototype 프로퍼티에 메소드를 추가하면 모든 인스턴스가 공유하는 함수 사본 하나만 생긴다.

```javascript
function Student(name)
{
  this.name = name;
}

Student.prototype.printName = function(){
  console.log(this.name);
}

var s1 = new Student("수지");
var s2 = new Student("민호");

function School(name)
{
  this.name = name;
  this.printName = function(){
    console.log(this.name);
  }
}

var s3 = new School("이학교");
var s4 = new School("저학교");

console.log(s1.printName == s2.printName);
console.log(s3.printName == s4.printName);
```

실행 결과는 다음과 같다.

```
true
false
```

s1, s2는 동일한 printName 함수를 공유하므로 메모리를 덜 차지하는 반면, s3, s4는 printName이라는 이름을 가진 함수를 각자 소유하므로 더 많은 메모리가 필요

하다. 어차피 같은 기능을 가진 함수라면 분명히 낭비이므로 생성자의 prototype 프로퍼티에 메소드를 추가하는 게 낫다.

생성자에서 상속 계층 구현은 객체 리터럴처럼 그리 간단하지 않다. 자식 생성자는 부모 생성자를 호출하여 자신의 초기화 로직을 실행해야 하고 부모 생성자의 prototype 프로퍼티 메소드를 자식 생성자의 prototype 프로퍼티에 넣어야 자식 생성자 객체에서 끌어쓸 수 있기 때문이다. 정해진 구현 방법 따윈 없기에 개발자마다, 자바스크립트 라이브러리마다 구현 방식이 제각각이다. 그중 가장 일반적인 방법을 소개한다.

생성자로 객체 생성 시 상속을 구현한 코드를 보자.

```javascript
function School(schoolName)
{
  this.schoolName = schoolName;
}

School.prototype.printSchoolName = function(){
  console.log(this.schoolName);
}

function Student(studentName, schoolName)
{
  this.studentName = studentName;

  School.call(this, schoolName);
}
Student.prototype = new School();
Student.prototype.printStudentName = function(){
  console.log(this.studentName);
}

var s = new Student("수지", "이학교");
s.printStudentName();
s.printSchoolName();
```

실행 결과는 다음과 같다.

```
수지
이학교
```

함수 객체의 `call` 메소드로 부모 생성자를 호출하고, 메소드를 상속하기 위해 부모 생성자의 인스턴스를 만들어 자식 생성자의 `prototype` 프로퍼티에 할당했다.

그러나 이런 방법은 여러 다른 문제를 야기할 우려가 있어서 생성자에서 상속을 구현하는 확실한 방법이라고 하기는 어렵다. 가령, 부모 생성자가 단순한 프로퍼티 초기화가 아닌, DOM 조작 같은 다른 작업을 한다면 부모 생성자의 새 인스턴스를 자식 생성자의 `prototype` 프로퍼티에 할당하는 과정에서 문제가 터질 가능성이 있다.

ES6 클래스는 기존의 생성자와 클래스를 상속하는, 더 쉽고 나은 해결책을 준다. 이 장 나머지 부분에서 상술할 주제이기도 하다.

원시 데이터 타입 생성자

불리언, 문자열, 숫자 등의 원시 데이터 타입은 각자 생성자가 있고, 이들 생성자는 저마다 원시 타입을 감싸는 일을 한다. 예를 들어, `String` 생성자는 내부 `[[PrimitiveValue]]` 프로퍼티에 실제 원시값을 담은 문자열 객체를 생성한다.

런타임 시점에서 필요할 때 언제라도 원시값을 해당 타입의 생성자로 감싸고 그렇게 만들어진 객체가 실행에 걸림돌이 되지 않도록 마치 원시값처럼 취급한다.

```
var s1 = "문자열";
var s2 = new String("문자열");

console.log(typeof s1);
console.log(typeof s2);

console.log(s1 == s2);
console.log(s1.length);
```

실행 결과는 다음과 같다.

```
string
object
true
6
```

분명히 s1은 원시 타입, s2는 객체지만 == 연산자로 비교하면 결과는 true다. 원시 타입 s1에 프로퍼티가 있을 리 만무하지만 length 프로퍼티를 접근하고 있다.

그 비결은 런타임 시점에 다음과 같이 변환하여 실행하는 것이다.

```
var s1 = "문자열";
var s2 = new String("문자열");

console.log(typeof s1);
console.log(typeof s2);

console.log(s1 == s2.valueOf());
console.log((new String(s1)).length);
```

원시값을 해당 생성자로 감싸고 객체는 필요할 때 원시값으로 처리하므로 오류는 발생하지 않는다.

ES6부터는 원시 타입에 해당 함수를 생성자로 호출하는 일이 금지된다. 즉, 원시 타입을 해당 객체로써 명시적으로 감싸는 건 불가능하다. 이미 심볼 부분에서 언급했던 적 있다.

원시 타입 null, undefined는 생성자가 아예 없다.

클래스 다루기

자바스크립트 객체 지향 모델이 생성자/프로토타입 기반의 상속에 기초하고 있음을 깨달았을 것이다. ES6 클래스는 기존 모델에 단지 새롭게 추가된 구문일 뿐, 전혀 새로운 객체 지향 모델이 아니다.

ES6 클래스는 생성자와 상속을 좀 더 간단하고 명확한 구문으로 다룰 수 있게 해준다.

실은 클래스 자신도 함수다. 클래스는 생성자로 사용한 함수를 생성하는 새로운 구문의 일원이다. 생성자로 쓰지 않을 클래스로 함수를 생성한다는 건 말도 안 되고 얻을 것도 없다. 오히려 코드를 읽기 난해하게 혼동을 일으키므로 객체를 생성하는 용도로만 클래스를 사용하기 바란다. 이제부터 클래스에 대해 자세히 공부하자.

클래스 정의

함수를 선언과 표현식, 두 가지 방법으로 정의하듯, 클래스에도 선언과 표현식, 두 가지 정의 방법이 있다.

클래스 선언

클래스를 뜻하는 class 키워드를 앞에 붙여 선언한다.

```
class Student
{
  constructor(name)
  {
    this.name = name;
  }
}

var s1 = new Student("수지");
console.log(s1.name); //실행 결과 "수지"
```

Student 클래스를 생성 후 그 안에 constructor 메소드를 정의했다. 그리고 클래스의 새 인스턴스, 즉 name 프로퍼티가 있는 객체를 생성했다.

클래스 바디는 중괄호 {} 안에 두고 여기에 메소드를 function 키워드 없이 정의한다. 메소드 사이에 콤마는 찍지 않는다.

클래스는 함수로 취급하며 내부적으로 클래스명은 함수명으로, constructor 메소드 바디는 함수 바디로 간주한다.

클래스 바디 안의 모든 코드는 기본적으로 strict 모드로 실행된다.

앞서 보았던 예제를 함수로 바꾸면 다음과 같다.

```
function Student(name)
{
  this.name = name;
}
```

```
var s1 = new Student("수지");
console.log(s1.name); //실행 결과 "수지"
```

다음 코드와 견주어 보면 클래스는 분명히 함수다.

```
class Student
{
  constructor(name)
  {
    this.name = name;
  }
}

function School(name)
{
  this.name = name;
}

console.log(typeof Student);
console.log(typeof School == typeof Student);
```

실행 결과는 다음과 같다.

```
function
true
```

정말 클래스는 함수다. 그냥 함수를 생성하는 신상 구문이다.

클래스 표현식

클래스 선언과 비슷하지만 클래스명은 생략 가능하며, 클래스 바디와 로직 구현은
어느 쪽이든 같다.

```
var Student = class {
  constructor(name)
  {
    this.name = name;
  }
}
```

```
var s1 = new Student("수지");
console.log(s1.name); //실행 결과 "수지"
```

클래스 참조값을 변수에 할당 후 객체 생성 시 사용했다.

이 예제를 함수로 다시 작성하면 다음과 같다.

```
var Student = function(name) {
  this.name = name;
}


var s1 = new Student("수지");
console.log(s1.name); //실행 결과 "수지"
```

프로토타입 메소드

클래스 바디 안에 있는 메소드는 모두 클래스의 prototype 프로퍼티에 추가된다.
이 프로퍼티는 클래스로부터 생성한 객체들의 프로퍼티다.

```
class Person
{
  constructor(name, age)
  {
    this.name = name;
    this.age = age;
  }

  printProfile()
  {
    console.log("이름: " + this.name + ", 나이: " + this.age);
  }
}

var p = new Person("수지", 12)
p.printProfile();

console.log("printProfile" in p.__proto__);
console.log("printProfile" in Person.prototype);
```

실행 결과는 다음과 같다.

```
이름: 수지, 나이: 12
true
true
```

확인 결과, 클래스의 `prototype` 프로퍼티에 `printProfile` 메소드가 포함됐다.

다음은 함수 버전으로 바꾼 코드다.

```
function Person(name, age)
{
  this.name = name;
  this.age = age;
}

Person.prototype.printProfile = function()
{
  console.log("이름: " + this.name + ", 나이: " + this.age);
}

var p = new Person("수지", 12)
p.printProfile();

console.log("printProfile" in p.__proto__);
console.log("printProfile" in Person.prototype);
```

실행 결과는 다음과 같다.

```
이름: 수지, 나이: 12
true
true
```

get/set 메소드

ES5 이전엔 접근자 프로퍼티를 객체에 추가하는 유일한 방법은 `Object.defineProperty()` 뿐이었지만 ES6부터는 메소드 앞에 `get`, `set`을 붙일 수 있고 객체 리터럴 또는 클래스에 추가하여 접근자 프로퍼티의 get/set 속성을 정의할 수 있다.

클래스 바디에서 get, set 메소드를 사용하면 클래스 prototype 프로퍼티에 추가된다.

```
class Person
{
  constructor(name)
  {
    this._name_ = name;
  }

  get name(){
    return this._name_;
  }

  set name(name){
    this._name_ = name;
  }
}

var p = new Person("수지");
console.log(p.name);
p.name = "민호";
console.log(p.name);

console.log("name" in p.__proto__);
console.log("name" in Person.prototype);
console.log(Object.getOwnPropertyDescriptor(p.__proto__,
"name").set);
console.log(Object.getOwnPropertyDescriptor(Person.prototype,
"name").get);
console.log(Object.getOwnPropertyDescriptor(p, "_name_").value);
```

실행 결과는 다음과 같다.

```
수지
민호
true
true
function name(name) { this._name_ = name; }
function name() { return this._name_; }
민호
```

접근자 프로퍼티를 생성하여 _name_ 프로퍼티를 캡슐화했다. 콘솔 로그를 통해 name이 클래스의 prototype 프로퍼티에 추가된 접근자 프로퍼티임을 확인했다.

제너레이터 메소드

객체 리터럴의 단축 메소드를 제너레이터 메소드로 다루거나, 클래스의 메소드를 제너레이터 메소드로 취급하려면 앞에 그냥 * 기호를 달아주면 된다.

클래스에 선언한 제너레이터 메소드는 클래스 prototype 프로퍼티에 추가된다.

```
class myClass
{
  * generator_function()
  {
    yield 1;
    yield 2;
    yield 3;
    yield 4;
    yield 5;
  }
}

var obj = new myClass();

let generator = obj.generator_function();

console.log(generator.next().value);
console.log(generator.next().value);
console.log(generator.next().value);
console.log(generator.next().value);
console.log(generator.next().value);
console.log(generator.next().done);

console.log("generator_function" in myClass.prototype);
```

실행 결과는 다음과 같다.

```
1
2
3
```

```
4
5
true
true
```

정적 메소드

클래스 바디에서 메소드명 앞에 static을 붙인 메소드를 정적 메소드_{static method}
라고 한다. 클래스 prototype 프로퍼티가 아닌, 클래스의 자체 메소드다. 예를 들
어, String.fromCharCode() 메소드는 String 생성자의 정적 메소드, 즉 String
함수 자신의 고유 프로퍼티다.

정적 메소드는 주로 애플리케이션의 유틸리티 함수 작성에 쓰인다.

```
class Student
{
  constructor(name)
  {
    this.name = name;
  }

  static findName(student)
  {
    return student.name;
  }
}

var s = new Student("수지");
var name = Student.findName(s);

console.log(name); //실행 결과 "수지"
```

Student 클래스에서 정적 메소드 findName을 정의했다.

함수 버전으로 바꿔보면 이렇다.

```
function Student(name)
{
  this.name = name;
```

```
}

Student.findName = function(student){
  return student.name;
}

var s = new Student("수지");
var name = Student.findName(s);

console.log(name); //실행 결과 "수지"
```

클래스의 상속 구현

이 장 앞부분에서 언급했듯이 함수의 상속 계층 구현은 쉬운 일이 아니어서 ES6
부터는 클래스에 extends 절 및 super 키워드를 도입하여 쉽게 풀어가고자 했다.

extends 절로 클래스가 (클래스로 정의했거나 그렇지 않을 수도 있는) 다른 생성자의 정
적/비정적 프로퍼티를 상속할 수 있게 한 것이다.

super 키워드는 다음 두 가지 용도로 쓴다.

● 클래스 constructor 메소드에서 부모 생성자를 호출한다.

● 클래스 메소드 내부에서 부모 생성자의 정적/비정적 메소드를 참조한다.

다음은 extends, super 키워드로 생성자 안에서 상속 계층을 구현한 예제다.

```
function A(a)
{
  this.a = a;
}

A.prototype.printA = function(){
  console.log(this.a);
}

class B extends A
{
  constructor(a, b)
```

```
      {
        super(a);
        this.b = b;
      }

      printB()
      {
        console.log(this.b);
      }

      static sayHello()
      {
        console.log("안녕하세요");
      }
    }

    class C extends B
    {
      constructor(a, b, c)
      {
        super(a, b);
        this.c = c;
      }

      printC()
      {
        console.log(this.c);
      }

      printAll()
      {
        this.printC();
        super.printB();
        super.printA();
      }
    }

    var obj = new C(1, 2, 3);
    obj.printAll();

    C.sayHello();
```

실행 결과는 다음과 같다.

```
3
2
1
안녕하세요
```

A는 함수 생성자, B는 A를 상속한 클래스, C는 B를 상속한 클래스다. B가 A를 상속하므로 C도 A를 상속한다.

클래스로 함수 생성자를 상속할 수 있기 때문에 `String`, `Array` 같은 기존 함수들의 생성자를 비롯하여 (꼼수가 아닌 클래스를 사용하는) 임의의 함수 생성자까지 상속 가능하다.

예제를 잘 보면 `super` 키워드를 언제 어떻게 사용하는지 짐작할 수 있다. `constructor` 메소드 안에서는 `super`를 `this`보다 먼저 사용하지 않으면 예외가 발생한다는 점을 기억하자.

 자식 클래스에 constructor 메소드가 없으면 부모 클래스의 constructor 메소드가 자동으로 호출된다.

조합 메소드명

정적/비정적 클래스의 메소드명, 객체 리터럴의 메소드명은 런타임 시점에 표현식으로 조합할 수 있다.

```
class myClass
{
  static ["my" + "Method"](){
    console.log("안녕하세요");
  }
}

myClass["my" + "Method"](); //실행 결과 "안녕하세요"
```

심볼을 메소드 키로 하여 조합하는 방법도 있다.

```
var s = Symbol("Sample");

class myClass
{
  static [s]()
  {
    console.log("안녕하세요");
  }
}

myClass[s](); //실행 결과 "안녕하세요"
```

프로퍼티 속성

클래스를 이용한 생성자의 정적/비정적 프로퍼티 속성은, 함수를 사용할 때와 몇 가지 차이점이 있다.

- 정적 메소드는 쓰기 가능, 설정 가능이지만 열거 불가다.
- 클래스의 prototype와 prototype.constructor 프로퍼티는 쓰기 불가, 열거 불가, 설정 불가다.
- prototype 프로퍼티의 속성은 쓰기 가능, 설정 가능이지만 열거 불가다.

클래스는 호이스팅 안 된다!

함수는 자신이 정의되기 전, 즉 함수를 정의한 코드 앞부분에서도 호출이 가능하지만, 클래스는 그렇게 사용하면 ReferenceError 예외가 발생한다.

```
myFunc();
function myFunc(){}

var obj = new myClass(); //ReferenceError 예외 발생
class myClass{}
```

생성자 메소드 결과를 오버라이딩

constructor 메소드는 내부에 return 문이 없을 경우 새 인스턴스를 반환한다.
return 문이 있으면 해당 값을 반환한다.

```
class myClass
{
  constructor()
  {
    return Object.create(null);
  }
}

console.log(new myClass() instanceof myClass); //실행 결과 "false"
```

정적 접근자 프로퍼티, Symbol.species

정적 접근자 프로퍼티, @@species는 부모 생성자 메소드가 새 인스턴스를 반환하면 어떤 생성자를 써야 할 지 알려줘야 할 때 자식 생성자에 선택적으로 추가한다. 자식 생성자에 @@species가 따로 없으면 부모 생성자 메소드는 기본 생성자를 이용한다.

배열 객체의 map() 메소드가 새 Array 인스턴스를 반환하는 것이 좋은 사례. 배열 객체를 상속한 객체의 map 메소드를 호출하면 어처구니 없게도 Array 생성자가 아닌, 자식 생성자의 새 인스턴스가 반환된다. 이런 이유로 ES6에 @@species 프로퍼티가 도입되어 이젠 기본 생성자 대신 다른 생성자를 사용하라는 신호를 보낼 수 있게 됐다.

```
class myCustomArray1 extends Array
{
  static get [Symbol.species]()
  {
    return Array;
  }
}
```

```
class myCustomArray2 extends Array{}

var arr1 = new myCustomArray1(0, 1, 2, 3, 4);
var arr2 = new myCustomArray2(0, 1, 2, 3, 4);

console.log(arr1 instanceof myCustomArray1);
console.log(arr2 instanceof myCustomArray2);

arr1 = arr1.map(function(value){ return value + 1; })
arr2 = arr2.map(function(value){ return value + 1; })

console.log(arr1 instanceof myCustomArray1);
console.log(arr2 instanceof myCustomArray2);

console.log(arr1 instanceof Array);
console.log(arr2 instanceof Array);
```

실행 결과는 다음과 같다.

```
true
true
false
true
true
false
```

자바스크립트 라이브러리를 제작하는 개발자라면 새 인스턴스를 반환할 때 생성자 메소드가 항상 @@species 프로퍼티를 참조하도록 작성하길 바란다.

```
//myArray1가 라이브러리 일부라고 가정한다.
class myArray1
{

  //기본 @@species. 자식 클래스는 이 프로퍼티를 상속한다.
  static get [Symbol.species]()
  {
    //기본 생성자
    return this;
  }
```

```
  mapping()
  {
    return new this.constructor[Symbol.species]();
  }
}

class myArray2 extends myArray1
{
  static get [Symbol.species]()
  {
    return myArray1;
  }
}

var arr = new myArray2();

console.log(arr instanceof myArray2); //실행 결과 "true"

arr = arr.mapping();

console.log(arr instanceof myArray1); //실행 결과 "true"
```

부모 생성자에 기본 @@species 프로퍼티를 정의하고 싶지 않을 경우 if...else 조건문으로 @@species 프로퍼티의 정의 여부를 확인할 수도 있지만 이 책에서 설명한 패턴이 더 좋다. 내장 메소드 map() 또한 그렇게 작성되어 있다.

ES6부터 자바스크립트 생성자의 모든 내장 메소드는 새 인스턴스 반환 시 @@species 프로퍼티를 조사한다. 이를테면, 배열, 맵, 배열 버퍼, 프라미스 등의 생성자는 인스턴스를 생성하여 반환할 때 @@species를 찾아본다.

암시적 파라미터, new.target

ES6는 함수에 전부 new.target 파라미터를 추가했다. 중간의 점(.)도 파라미터명의 일부다.

이 파라미터의 기본값은 undefined지만, 생성자로 함수 호출 시 다음 조건에 따라 값이 달라진다.

- 생성자를 new 키워드로 호출하면 new.target은 이 생성자를 가리킨다.

- 생성자를 super 키워드로 호출하면 new.target 값은 super에 해당하는 생성자의 new.target 값이다.

화살표 함수에서는 자신을 둘러싸고 있는 화살표 아닌 함수의 new.target 값을 가리킨다.

```
function myConstructor()
{
  console.log(new.target.name);
}

class myClass extends myConstructor
{
  constructor()
  {
    super();
  }
}

var obj1 = new myClass();
var obj2 = new myConstructor();
```

실행 결과는 다음과 같다.

```
myClass
myConstructor
```

객체 리터럴에 super 사용

super 키워드는 객체 리터럴의 단축 메소드에서도 사용할 수 있다. 객체 리터럴로 정의한 객체의 [[prototype]] 프로퍼티와 같은 값이다.

객체 리터럴의 super는 자식 객체가 오버라이드한 프로퍼티를 접근하는 용도로 쓴다.

```
var obj1 = {
  print(){
    console.log("안녕하세요");
  }
}

var obj2 = {
  print(){
    super.print();
  }
}

Object.setPrototypeOf(obj2, obj1);
obj2.print(); //실행 결과 "안녕하세요"
```

요약

이 장에서는 먼저 객체 지향 프로그래밍의 기본을 되돌아보고 ES6 클래스로 객체 지향 자바스크립트 코드가 얼마나 읽고 쓰기 쉬워졌는지 학습했다. 또 new. target, 접근자 메소드 등의 주변 기능도 살펴보았다.

다음 장에서는 ES6 모듈의 생성 및 사용법을 배운다.

8
모듈러 프로그래밍

모듈러 프로그래밍modular programming은 사용 빈도가 아주 높은, 중요한 소프트웨어 디자인 기법이다. 불행히도 자바스크립트는 모듈러 프로그래밍을 지원하지 않았기 때문에 자바스크립트 개발자들은 그간 다른 우회책을 써왔지만 이제 ES6부터는 자바스크립트에서도 모듈러 프로그래밍을 공식 지원한다.

이 장에서는 자바스크립트 모듈을 생성, 임포트하는 방법을 알아본다. 모듈을 어떻게 만드는지 설명한 다음, 새로운 내장 모듈 시스템인 ES6 모듈을 다룰 것이다.

다음은 이 장의 주제다.

- 모듈러 프로그래밍이란?
- 모듈러 프로그래밍의 이점
- IIFE 모듈, AMD, UMD, 커먼JSCommonJS
- ES6 모듈의 생성과 임포트
- 모듈러 로더modular loader
- 모듈을 이용한 기본적인 자바스크립트 라이브러리 작성

자바스크립트 모듈이란?

모듈러 프로그래밍은 프로그램과 라이브러리를 모듈 단위로 잘개 나누는 행위다.

자바스크립에서 모듈이란 프로그램/라이브러리에서 연관된 객체, 함수, 기타 콤포넌트을 함께 말아넣은 콜렉션으로, 나머지 프로그램/라이브러리의 스코프와는 분리되어 있다.

외부 프로그램에 특정 변수를 익스포트하여 모듈로 감싼 콤포넌트에 접근할 수 있다. 프로그램은 모듈과 이 모듈이 익스포트한 변수를 임포트하여 사용한다.

모듈은 하위 모듈submodule로 더 잘개 나뉘어지므로 모듈 간 계층 관계가 형성된다.

모듈러 프로그래밍은 다음과 같은 이점이 있다.

- 코드를 여러 모듈로 분리하여 깔끔하게 구획하고 조직화할 수 있다.
- 전역 스코프를 통해 인터페이스하지 않고 모듈 각자 자신의 스코프를 가지므로 전역 변수 사용을 줄일 수 있고 그로 인한 문제점을 예방할 수 있다.
- 타 프로젝트에서도 똑같은 모듈을 임포트하여 사용할 수 있으므로 코드 재사용성이 좋아진다.
- 특정 모듈에 버그가 한정되므로 디버깅이 쉽다.

모듈 구현 – 기존 방법

ES5 이전의 자바스크립트는 모듈을 자체 지원하지 않았던 까닭에 개발자들은 서드 파티 라이브러리나 자신만의 꼼수를 동원해야 했다.

즉시 실행 함수 표현식IIFE, Immediately-invoked function expression, 비동기 모듈 정의AMD, Asynchronous Module Definition, 커먼JS, 만능 모듈 정의UMD, Universal Module Definition 등 갖가지 방법이 있었지만 자바스크립트 자체의 기능은 아니어서 많은 문제점이 있었다. 옛날 방법들을 하나씩 간략히 살펴보자.

즉시 실행 함수 표현식(IIFE)

IIFE는 자기 자신을 실행하는 익명 함수를 생성하는 기법으로, 가장 인기 있는 모듈 생성 방법이다.

```
//모듈 시작

(function(window){
  var sum = function(x, y){
    return x + y;
  }

  var sub = function(x, y){
    return x - y;
  }

  var math = {
    findSum: function(a, b){
      return sum(a,b);
    },
    findSub: function(a, b){
      return sub(a, b);
    }
  }

  window.math = math;
})(window)

//모듈 끝

console.log(math.findSum(1, 2)); //실행 결과 "3"
console.log(math.findSub(1, 2)); //실행 결과 "-1"
```

IIFE로 모듈을 생성한 예제다. sum, sub은 모듈에게는 전역 변수지만 모듈 밖에서는 볼 수가 없으므로 math 변수로 메인 프로그램에 익스포트하여 모듈 자신의 기능을 표출한다.

이 모듈은 프로그램에 완벽하게 독립적으로 동작하면서도 소스코드를 복사하거나 별도의 파일로 간단히 임포트하면 다른 프로그램에서도 그대로 가져다 쓸 수 있다.

제이쿼리 같은 라이브러리도 IIFE를 써서 모든 API를 하나의 IIFE 모듈로 감싼다. 프로그램에서 제이쿼리 라이브러리를 사용할 때 모듈을 자동으로 임포트하는 것이다.

비동기 모듈 정의(AMD)

AMD는 브라우저에서 모듈을 구현하기 위해 만든 명세로 브라우저의 한계를 염두에 두고 웹 페이지 로딩을 차단하지 않고도 비동기적으로 모듈을 임포트할 수 있게 설계됐다. AMD는 브라우저에 내장된 기능이 아니므로 AMD 라이브러리가 필요하다. 리콰이어JS_{RequireJS}는 가장 잘 알려진 AMD 라이브러리다.

다음은 리콰이어JS 라이브러리로 모듈을 생성/임포트하는 예제다. AMD 명세에 의하면 모듈은 모두 별도 파일로 구현해야 한다. 먼저, math.js라는 모듈 파일을 다음과 같이 생성한다.

```
define(function(){
  var sum = function(x, y){
    return x + y;
  }
  var sub = function(x, y){
    return x - y;
  }
  var math = {
    findSum: function(a, b){
      return sum(a,b);
    },
    findSub: function(a, b){
      return sub(a, b);
    }
  }
  return math;
});
```

math 변수를 익스포트해서 모듈 기능을 오픈했다.

이제 모듈을 임포트하고 변수를 익스포트할 메인 프로그램을 다음과 같이 index. js라는 파일로 작성한다.

```
require(["math"], function(math){
  console.log(math.findSum(1, 2)); //실행 결과 "3"
  console.log(math.findSub(1, 2)); //실행 결과 "-1"
})
```

첫 번째 파라미터에서 math가 AMD 모듈로 취급할 파일명이다. 확장자 .js는 리콰이어JS가 파일명에 알아서 붙인다.

두 번째 파라미터에서 math는 익스포트한 변수다.

모듈은 비동기적으로 임포트되고 콜백 또한 비동기적으로 실행된다.

커먼JS

커먼JS는 노드JS에서 모듈을 구현하는 명세다. 각 모듈은 개별 파일로 구현하며 비동기적으로 임포트한다.

커먼JS로 모듈을 생성/임포트하는 코드를 보자. 먼저, 다음과 같이 모듈에 해당하는 math.js 파일을 작성한다.

```
var sum = function(x, y){
  return x + y;
}

var sub = function(x, y){
  return x - y;
}

var math = {
  findSum: function(a, b){
    return sum(a,b);
  },
  findSub: function(a, b){
    return sub(a, b);
  }
}

exports.math = math;
```

모듈의 기능이 math 변수를 통해 외부에 노출됐다.

이 모듈을 임포트하고 메인 프로그램 역할을 담당할 index.js 파일을 다음과 같이 코딩하자.

```
var math = require("./math").math;

console.log(math.findSum(1, 2)); //실행 결과 "3"
console.log(math.findSub(1, 2)); //실행 결과 "-1"
```

math 변수는 모듈로 취급하는 파일 이름이고, .js 확장자는 커먼JS가 자동으로 붙인다.

만능 모듈 정의

지금까지 제각기 고유한 방법으로 모듈을 생성하고 임포트하는, IIFE, AMD, 커먼JS 세 가지 상이한 명세를 살펴보았다. 만약 이들 모두 임포트하여 모듈을 만들 수 있으면 얼마나 좋을까?

UMD는 바로 그런 일을 가능케 하는 기법들을 모아놓은 것으로 모듈 명세에 구애받지 않고 서드 파티 모듈을 프로그램에 임포트할 수 있게 해준다.

returnExports는 가장 많이 쓰는 UMD 기법으로 모듈별로 파일이 존재한다. 일단 모듈에 해당하는 math.js 파일을 다음과 같이 작성하자.

```
(function (root, factory) {
  //환경 파악
  if (typeof define === 'function' && define.amd) {
    define([], factory);
  } else if (typeof exports === 'object') {
    module.exports = factory();
  } else {
    root.returnExports = factory();
  }
}(this, function () {
  //모듈 정의
  var sum = function(x, y){
    return x + y;
```

```
  }
  var sub = function(x, y){
    return x - y;
  }
  var math = {
    findSum: function(a, b){
      return sum(a,b);
    },
    findSub: function(a, b){
      return sub(a, b);
    }
  }
  return math;
}));
```

이런 식으로 커먼JS, 리콰이어JS, IIFE 중 어느 방법으로도 math.js 모듈을 임포트할 수 있다.

새로운 모듈 구현 방식

ES6 모듈은 ES6부터 신설된 모듈 시스템이고 자바스크립트 언어 자체에 내장된 표준 모듈이다.

비교적 구문이 간결하고 성능이 우수하며 많은 최신 API가 ES6 모듈로 패키징되어 있어서 옛 방법보단 ES6 모듈을 쓰는 게 좋다.

ES6 모듈 생성

ES6 모듈은 모듈마다 개별 .js 파일에 자바스크립트 코드로 구현하며 원하는 개수만큼 변수를 익스포트할 수 있다.

ES6 모듈은 변수, 함수, 클래스, 기타 엔티티를 익스포트할 수 있다.

모듈에서 변수를 익스포트 시 사용하는 export 문은 다음과 같은 형식들이 있다.

```
export {variableName};
export {variableName1, variableName2, variableName3};
export {variableName as myvariableName};
export {variableName1 as myvariableName1, variableName2 as
myvariableName2};
export {variableName as default};
export {variableName as default, variableName1 as myvariableName1,
variableName2};
export default function(){};
export {variableName1, variableName2} from "myAnotherModule";
export * from "myAnotherModule";
```

형식 간 차이점을 열거하면 다음과 같다.

- 첫 번째 형식은 변수를 익스포트한다.

- 두 번째 형식은 변수를 여럿 익스포트한다.

- 세 번째 형식은 변수를 다른 이름(별명$_{alias}$)으로 익스포트한다.

- 네 번째 형식은 여러 변수를 상이한 별명으로 익스포트한다.

- 다섯 번째 형식은 기본 별명을 쓴다. 뒷부분에서 다시 설명한다.

- 여섯 번째 형식은 네 번째 형식과 비슷하나 기본 별명이 있다.

- 일곱 번째 형식은 다섯 번째 형식과 동일하나 변수 이름 대신 표현식을 넣는다.

- 여덟 번째 형식은 하위 모듈에서 익스포트한 변수를 익스포트한다.

- 아홉 번째 형식은 하위 모듈에서 익스포트한 모든 변수를 익스포트한다.

export 문에서 중요한 점을 간추리면 다음과 같다.

- export 문은 모듈 어디에서나 쓸 수 있다. 모듈 끝에서만 써야 하는 건 아니다.

- 모듈 내에서 export 문은 무제한 사용할 수 있다.

- 그때그때 변수를 익스포트하는 건 불가능하다. 예를 들어, if...else 조건문에 export 문을 쓰면 에러가 난다. 모듈 구조는 정적이라고, 즉 익스포트는 컴파일 시점에 결정된다고 보면 된다.

- 똑같은 변수명/별명을 계속 익스포트할 수는 없지만 동일한 변수를 서로 다른 별명으로 여러 번 익스포트하는 건 가능하다.

- 모듈 코드는 엄격 모드로 실행된다.

- 익스포트한 변숫값은 자신을 익스포트한 모듈 내에서 변경할 수 있다.

ES6 모듈 임포트

모듈을 임포트하는 import 문은 다음과 같은 형식들이 있다.

```
import x from "module-relative-path";
import {x} from "module-relative-path";
import {x1 as x2} from "module-relative-path";
import {x1, x2} from "module-relative-path";
import {x1, x2 as x3} from "module-relative-path";
import x, {x1, x2} from "module-relative-path";
import "module-relative-path";
import * as x from "module-relative-path";
import x1, * as x2 from "module-relative-path";
```

import 문은 임포트할 변수명과 모듈 내 상대 경로, 두 부분으로 나뉜다.

형식 간 차이점을 열거하면 다음과 같다.

- 첫 번째 형식은 기본 별명을 임포트한다. x는 기본 별명의 별명이다.

- 두 번째 형식은 x를 임포트한다.

- 세 번째 형식은 두 번째 형식과 같다. x2는 x1의 별명이다.

- 네 번째 형식은 x1, x2를 임포트한다.

- 다섯 번째 형식은 x1, x2를 임포트한다. x3은 x2의 별명이다.

- 여섯 번째 형식은 x1, x2와 별명을 임포트한다. x는 기본 별명의 별명이다.

- 일곱 번째 형식은 그냥 모듈을 임포트한다. 모듈에서 익스포트된 변수는 전혀 임포트하지 않는다.

- 여덟 번째 형식은 변수 전체를 임포트한 뒤 x라는 객체로 감싼다. 기본 별명도 임포트한다.
- 아홉 번째 형식은 여덟 번째 형식과 같다. 여기서도 기본 별명에 별명을 줬다.

`import` 문에서 중요한 점을 간추리면 다음과 같다.

- 변수를 별명으로 임포트하면 해당 변수는 실제 변수명이 아닌, 별명으로 참조해야 한다. 즉, 실제 변수명은 가려지고 별명만 보이는 셈이다.
- `import` 문은 익스포트된 변수의 사본을 임포트하는 게 아니다. 오히려 변수를 임포트하는 프로그램의 스코프에서 쓸 수 있는 변수가 된다. 따라서 모듈 내에서 익스포트된 변수를 고치면 이 변수를 임포트한 프로그램에도 반영된다.
- 임포트한 변수는 읽기 전용이므로 이를 익스포트한 모듈의 스코프를 벗어난 위치에서 할당은 불가능하다.
- 모듈은 자바스크립트 엔진의 단일 인스턴스에서 딱 한번 임포트할 수 있다. 다시 임포트하려고 하면 앞에서 임포트한 모듈 인스턴스를 재사용한다.
- 모듈은 그때그때 임포트할 수 없다. 예를 들어, `if...else` 조건문에 `import` 문을 쓰면 에러가 난다. 모듈 구조는 정적이라고, 즉 임포트는 컴파일 시점에 결정된다고 보면 된다.
- ES6 임포트는 자바스크립트 자체 기능이고 모듈 임포트와 변수 익스포트는 곧바로 결정되지 않기 때문에 AMD, 커먼JS의 임포트보다 빠르다. 따라서 자바스크립트 엔진이 성능 최적화를 수행하기가 유리하다.

모듈 로더

모듈 로더는 모듈 임포트를 하는 자바스크립트 엔진 콤포넌트다.

`import` 문은 내장 모듈 로더로 모듈을 임포트한다.

내장 모듈 로더는 자바스크립트 환경마다 로딩 체계가 제각각이다. 가령, 브라우저에서 모듈을 임포트하면 서버에서 모듈이 로딩되지만 노드JS 환경에서는 파일

시스템에서 로딩한다.

모듈 로더는 다양한 환경에서 서로 다른 방식으로 성능을 최적화하는 방향으로 모듈을 로딩한다. 이를테면 브라우저는 모듈 로더가 로딩 도중 웹 페이지 로딩을 차단하지 않게 모듈을 비동기적으로 로딩/실행한다.

모듈 로더 API를 이용하면 모듈 로딩을 가로채고 그때그때 모듈을 가져오는 등 커스터마이징해서 내장 모듈 로더와 프로그램 연동을 할 수 있다.

직접 개발자가 모듈 로더를 작성할 수도 있다.

모듈 로더에 관한 명세는 ES6에 따로 없고 WHATWG 브라우저 표준 단체가 주도하는 별도의 표준이 있다. 자세한 내용은 http://whatwg.github.io/loader/를 참고하자.

ES6 명세에는 import/export 문에 대해서만 규정되어 있다.

브라우저에 모듈 사용

<script> 태그 안의 코드는 태그 자체의 동기적인 성격 탓에 브라우저 모듈의 비동기성과 호환되지 않아 import 문을 지원하지 않는다. 대신에 <module>이라는 새로운 태그로 모듈을 임포트한다.

<module> 태그를 쓰면 하나의 모듈로 스크립트를 정의할 수 있고 이 모듈은 import 문으로 다른 모듈을 임포트한다.

모듈을 <script> 태그로 임포트하려면 모듈 로더 API를 사용해야 한다.

<module> 태그 이야기는 ES6 명세에 없다.

eval() 함수에서 모듈 사용

import/export 문은 eval() 함수에 쓸 수 없다. eval() 함수에서 모듈을 임포트하려면 모듈 로더 API를 써야 한다.

기본 익스포트 vs 명명된 익스포트

기본 별명으로 변수를 익스포트하는 걸 기본 익스포트default export라고 한다. 당연히 모듈 내에서 별명은 한번밖에 사용할 수 없으니 기본 익스포트는 딱 하나뿐이다.

기본 익스포트를 제외한 익스포트는 모두 명명된 익스포트named export다.

한 모듈 내에서는 기본 익스포트, 명명된 익스포트 둘 중 하나만 쓰는 게 좋다. 섞어 쓰는 건 별로 권하고 싶지 않다.

기본 익스포트가 변수 한 개만 익스포트할 때 쓰는 반면, 명명된 익스포트는 변수 여럿을 익스포트하기 위해 쓴다.

종합 예제

ES6 모듈로 기초적인 자바스크립트 라이브러리를 작성해보면서 import/export 문의 사용법, 한 모듈에서 다른 모듈을 임포트하는 원리를 이해하자.

기본 로그/삼각 함수 기능 정도의 수학 라이브러리를 만들어보자.

- math.js 파일을 생성한다. math_modules 디렉터리를 만들고 그 안에 logarithm.js, trigonometry.js 두 파일을 생성한다. math.js는 루트 모듈, logarithm.js, trigonometry.js는 하위 모듈이다.

- 다음 코드를 logarithm.js 파일에 코딩한다.

```
var LN2 = Math.LN2;
var N10 = Math.LN10;

function getLN2()
{
  return LN2;
}

function getLN10()
{
```

```
    return LN10;
  }

  export {getLN2, getLN10};
```

export 문으로 함수를 익스포트했다.

프로그램에서는 라이브러리가 익스포트한 변수 중에서 하나밖에 필요하지 않을 수 있기 때문에 하위 계층의 모듈은 모든 변수를 개별적으로 익스포트해야 한다. 여기서는 프로그램이 모듈과 특정 함수를 직접 임포트할 수 있다. 모듈이 하나만 필요한데 전체 모듈을 로딩하는 건 성능 상 바람직하지 않다.

trigonometry.js도 다음과 같이 구현한다.

```
var cos = Math.cos;
var sin = Math.sin;

function getSin(value)
{
  return sin(value);
}

function getCos(value)
{
  return cos(value);
}

export {getCos, getSin};
```

루트 모듈, math.js도 마찬가지다. 다음 코드를 보자.

```
import * as logarithm from "math_modules/logarithm";
import * as trigonometry from "math_modules/trigonometry";

export default {
  logarithm: logarithm,
  trigonometry: trigonometry
}
```

라이브러리 함수는 하나도 없다. 프로그램에서 라이브러리를 완전히 임포트하기는 쉬워졌다. 하위 모듈 임포트 후 메인 프로그램으로 익스포트한 변수들을 익스포트한다.

이처럼 logarithm.js 및 trigonometry.js 스크립트가 다른 하위 모듈에 의존적일 경우, 두 하위 모듈은 이미 임포트된 상태이므로 math.js 모듈은 하위 모듈들을 임포트하면 안 된다.

다음은 프로그램에서 라이브러리를 완전히 임포트하는 코드다.

```
import math from "math";

console.log(math.trigonometry.getSin(3));
console.log(math.logarithm.getLN2(3));
```

요약

이 장에서는 모듈러 프로그래밍이 무엇인지 설명하고 몇 가지 상이한 모듈러 프로그래밍 명세를 둘러보았다. 모듈러 프로그래밍 디자인 기법으로 기본적인 라이브러리를 작성해보았다. 이제 여러분은 자신 있게 ES6 모듈을 이용하여 자바스크립트 애플리케이션을 제작할 수 있을 것이다.

찾아보기

ㄱ

가수부 60
객체 리터럴 51, 168
객체 프로퍼티 47
객체 해체 할당 47, 48
구글 카자 26
구글 트레이서 26
귀결값 71
귀결 콜백 117
기반 객체 171
기본값 39
기본 익스포트 204
꼬리 재귀 105
꼬리 호출 105, 106, 107
꼬리 호출로 전환 106
꼬리 호출 최적화 105
꼼수 31

ㄴ

나머지 연산자 46
나머지 파라미터 43, 73

ㄷ

다차원 배열 46
단일 상속 170
데이터 타입 168
데이터 프로퍼티 138

ㄹ

레지스트리 95
리보커블 프록시 164, 165
리콰이어JS 196

ㅁ

만능 모듈 정의 194, 198
맵 84

메모리 누수 32
명명된 익스포트 204
모듈러 프로그래밍 194
모듈 로더 202
미결 118

ㅂ

바벨 26
반올림 오차 61
배열 버퍼 79
배열 해체 할당 44
버림 118
버림 사유 120
버림 콜백 117
버림 프라미스 130, 132
부모 객체 171
불변값 38
블록 스코프 변수 31, 33
비동기 모듈 정의(AMD) 196

ㅅ

삼각 연산 메소드 62
상수 37
상용 심볼 95
상위 객체 171
생성자 168
서로게이트 페어 66, 69
서술 문자열 92
서술자 138
서술자 객체 159
세트 83
스위프트 116
스칼라 116
실패 사유 130
실행 스택 104
실행자 117

실행 콘텍스트 99
심볼 92
싱글 스레드 110

ㅇ

안전 정수 60
에러 한계치 61
엔디안 80
여러 줄 문자열 73
역따옴표(`) 71
오프셋 80
원래 문자열 74
원시 타입 84
웹 워커 110
위크맵 85
위크세트 84
유니코드 65, 70
유한 숫자 59
이룸 118
이룸값 118, 120
이룸 프라미스 132
이름 붙은 파라미터 43
이벤트 처리기 111, 113
이스케이프 66
이터러블 규약 83, 85, 97, 100
이터레이터 규약 96
익명 함수 49
인코딩 스키마 65

ㅈ

자식 객체 171
재귀 함수 105
전역 isNaN() 58
전역 Object 객체 136
전역 스코프 51, 194
접근자 프로퍼티 138, 179

정규화 68
정적 메소드 182
정적 접근자 프로퍼티 187
제너레이터 98
제너레이터 메소드 181
제너레이터 함수 100
제이쿼리 프라미스 128
조합 프로퍼티명 48, 52
중첩된 함수 호출 116
즉시 실행 함수 표현식(IIFE) 195
지수부 60

ㅊ

참조값 38, 168
처리기 150
체이닝 122, 123

ㅋ

커먼JS 197
커피스크립트 23
코드 유닛 65
코드 포인트 65
콘텍스트 객체 50
콜렉션 79
콜백 114
콜백 패턴 110
클래스 참조값 178
클래스 표현식 177

ㅌ

타깃 150
타깃 객체 164
타깃 생성자 137
타깃 함수 136, 163
타입스크립트 23
타입화 배열 81
태그드 템플릿 문자열 71
태그 함수 71, 72, 74
터미 26
템플릿 문자열 71, 73
트랜스파일러 24
트랩 150, 151

ㅍ

파생 객체 171
펼침 연산자 40, 41
폴리필 25
프라미스 객체 116, 121, 122
프라미스 생성자 117
프라미스 패턴 116, 131
프로토타입 86
프로퍼티 50
프로퍼티 키 93
프록시 150, 151

ㅎ

하위 객체 171
하위 모듈 194
하위 호환성 36
함수 스코프 변수 32
해싱 132
해체 할당 44
호이스팅 186
화살표 함수 49, 190
확정 118

A

accessor property 138
all() 129
AMD(Asynchronous Module
　　Definition) 194
anonymous function 49
apply() 40
apply 트랩 163
arguments 객체 43
array buffer 79
ArrayBuffer 생성자 80
array destructing assignment 44
Array.from() 75
Array.of() 75
arrow function 49

B

backward compatibility 36

base object 171
block scoped variable 31
bootstrap.js 25

C

call 메소드 174
catch() 126
chaining 122
child object 171
class 키워드 176
code point 65
codePointAt() 66
code unit 65
CoffeeScript 23
computed property name 52
configurable 139
constructor 메소드 183, 185
constructor 프로퍼티 169
construct 트랩 164
const 키워드 37
context object 50
copyWithin() 78

D

data property 138
data type 168
DataView 객체 80
default export 204
default value 39
defineProperty 트랩 159
deleteProperty 트랩 160
derived object 171
description 문자열 92
descriptor 138
destructuring assignment 44
done 97

E

ECMAScript 23
encoding schema 65
endian 80
endsWith() 68

entries() 78

enumerable 139

enumerate 트랩 160

ES6 모듈 199, 204

ES6 클래스 168, 174, 175

ES6 프라미스 128

escape 66

eval() 함수 203

execution context 99

executor 117

exponent 60

export 문 199, 200

extends 절 183

F

fill() 76

find() 77

findIndex() 77

finite number 59

Float32Array 82

Float64Array 82

for...in 루프 141

for...of 루프문 103

fraction 60

fromCodePoint() 67

Fulfilled 118

function* 99

function scoped variable 32

Function 생성자 51

G

generator 98

get 139

getFloat32 81

getFloat64 81

getInt8 81

getInt16 81

getInt32 81

getOwnPropertyDescriptor 트랩 158

getPrototypeOf 트랩 156

getUint8 81

getUint16 81

getUint32 81

get 트랩 152

H

hack 31

hashing 132

has 트랩 155

I

IIFE(Immediately-invoked function expression) 194

import 문 201, 202

include() 67

indexOf() 83

Int8Array 82

Int16Array 82

Int32Array 82

in 연산자 145, 155

isExtensible 트랩 156

K

keys() 78

L

let 키워드 33

M

Map 84

Map 생성자 84

margin of error 61

Math.clz32() 64

Math.fround() 65

Math.imul() 63

Math.sign() 64

Math.trunc() 64

memory leak 32

multiline string 73

N

named export 204

named parameter 43

NaN 58

navigator 객체 132

new 키워드 169

next() 97, 100

normalization 68

normalize() 69, 70

Number.asInteger() 57

Number.EPSILON 61

Number.isNaN() 58, 59

Number.MAX_SAFE_INTEGER 60

Number.MIN_SAFE_INTEGER 60

Number 객체 56

O

Object.assign() 88

Object.defineProperty() 89, 138, 179

Object.getOwnPropertyDescriptor() 89

Object.getOwnPropertyNames() 94

Object.getOwnPropertySymbols() 162

Object.getPrototypeOf() 87

Object.is() 87

Object.setPrototypeOf 88, 170

offset 80

onFulfilled 119

onRejected 119

ownKeys 트랩 161

P

parent object 171

Pending 118

polyfill 25

preventExtensions 트랩 157

primitive type 84

prototype 86, 169, 172, 173, 178

prototype.constructor 186

Proxy.revocable() 164

push 메소드 42

R

race() 131

raw string 74

reference 38

Reflect.apply() 136
Reflect.construct() 137
Reflect.defineProperty() 138, 140
Reflect.deleteProperty() 141
Reflect.enumerate() 141
Reflect.get() 142
Reflect.getOwnPropertyDescriptor()
    143
Reflect.getPrototypeOf() 144
Reflect.has() 145
Reflect.isExtensible() 145
Reflect.ownKeys() 146
Reflect.preventExtensions() 146
Reflect.set() 142
Reflect.setPrototypeOf() 144
Reflect 객체 136
registry 95
reject() 129
Rejected 118
reject 콜백 117
repeat() 67
RequireJS 196
resolve() 128
resolved value 71
resolve 콜백 117
rest parameter 43
return() 메소드 101
revocable proxy 164

S

safe integer 60
Scala 116
set 139
setFloat32 81
setFloat64 81
setInt8 80
setInt16 81
setInt32 81
setPrototypeOf 트랩 157
settled 118
setUint8 80

setUint16 81
setUint32 81
set 트랩 154
SHA-256 133
single thread 110
spread operator 40
startsWith() 68
static method 182
strict 모드 176
String.raw 74
submodule 194
subobject 171
super 52
superobject 171
super 키워드 183, 190
surrogate pair 66
Swift 116
Symbol 객체 95
Symbol() 함수 92

T

tag function 71
tagged template string 71
tail call 105
tail call optimization 105
tail recursion 105
target function 136
Termi 26
then() 119, 121, 123, 126
this 키워드 172
throw() 메소드 101
Traceur 24
traceur.js 25
transpiler 24
typed array 81
TypeError 예외 35
Typescript 23

U

Uint8Array 82
Uint16Array 82

Uint32Array 82
UMD(Universal Module Definition)
    194, 198
Unicode 65
"use strict" 모드 105
UTF-8 65
UTF-16 65

V

value 97, 139
values() 78

W

WeakMap 85
WeakSet 84
web worker 110
well-known symbol 95
writable 139

X

XMLHttpRequest 객체 113

Y

yield* 102
yield된 값 99, 102

기타

[[Get]] 속성 154
@@iterator 메소드 97
〈module〉 태그 203
[[PrimitiveValue]] 프로퍼티 174
__proto__ 170
[[prototype]] 프로퍼티 86, 89, 157,
    170, 190
__proto__ 프로퍼티 86
@@species 187, 188, 189
== 연산자 69, 175
2진수 56
8진수 57
64비트 부동 소수점 57

에이콘출판의 기틀을 마련하신 故 정완재 선생님 (1935-2004)

ECMAScript 6 길들이기
최신 표준으로 다시 배우는 자바스크립트 프로그래밍

초판 인쇄 | 2016년 1월 13일
1쇄 발행 | 2016년 11월 14일

지은이 | 나라얀 프루스티
옮긴이 | 이 일 웅

펴낸이 | 권 성 준
편집장 | 황 영 주
편 집 | 나 수 지
디자인 | 이 승 미

에이콘출판주식회사
서울특별시 양천구 국회대로 287 (목동 802-7) 2층 (07967)
전화 02-2653-7600, 팩스 02-2653-0433
www.acornpub.co.kr / editor@acornpub.co.kr

한국어판 © 에이콘출판주식회사, 2016, Printed in Korea.
ISBN 978-89-6077-815-3
ISBN 978-89-6077-210-6 (세트)
http://www.acornpub.co.kr/book/ecmascript6

이 도서의 국립중앙도서관 출판시도서목록(CIP)은 서지정보유통지원시스템 홈페이지(http://seoji.nl.go.kr)와
국가자료공동목록시스템(http://www.nl.go.kr/kolisnet)에서 이용하실 수 있습니다.(CIP제어번호: CIP2016000794)

책값은 뒤표지에 있습니다.